鳶飛魚躍
연 비 어 약

丰山 韓相哲 正格 短時調集(9)

圖書出版 修書院

이 도서의 국립중앙도서관 출판시 도서목록(CIP)은 서지정보유통지원시스템 홈페이지(http://seoji.nl.go.kr)와 국가자료공동목록시스템(http://www.nl.go.kr/kolisnet)에서 이용하실 수 있습니다(CIP제어번호 : CIP2020027414).

권두사

鳶飛魚躍!
연 비 어 약

"솔개는 하늘 높이 날아오르고, 물고기는 물속에서 뛰며 노닌다"라는 뜻으로, 온갖 생명이 주어진 제 삶을 자유롭게 누림을 비유적으로 이른 말이다. 시경(詩經) 대아(大雅) 한록편(旱麓篇)에 나온다. 천지조화의 작용이 그지없이 오묘함을 나타낸다. 이는 곧 자연의 법칙이자, 생명의 철학이다.

2020년(庚子) 여름

도봉산 아래 우거(寓居)

근지(謹識)

차 례

제 *1* 장

蘭(란)-일반시조 36제 46수

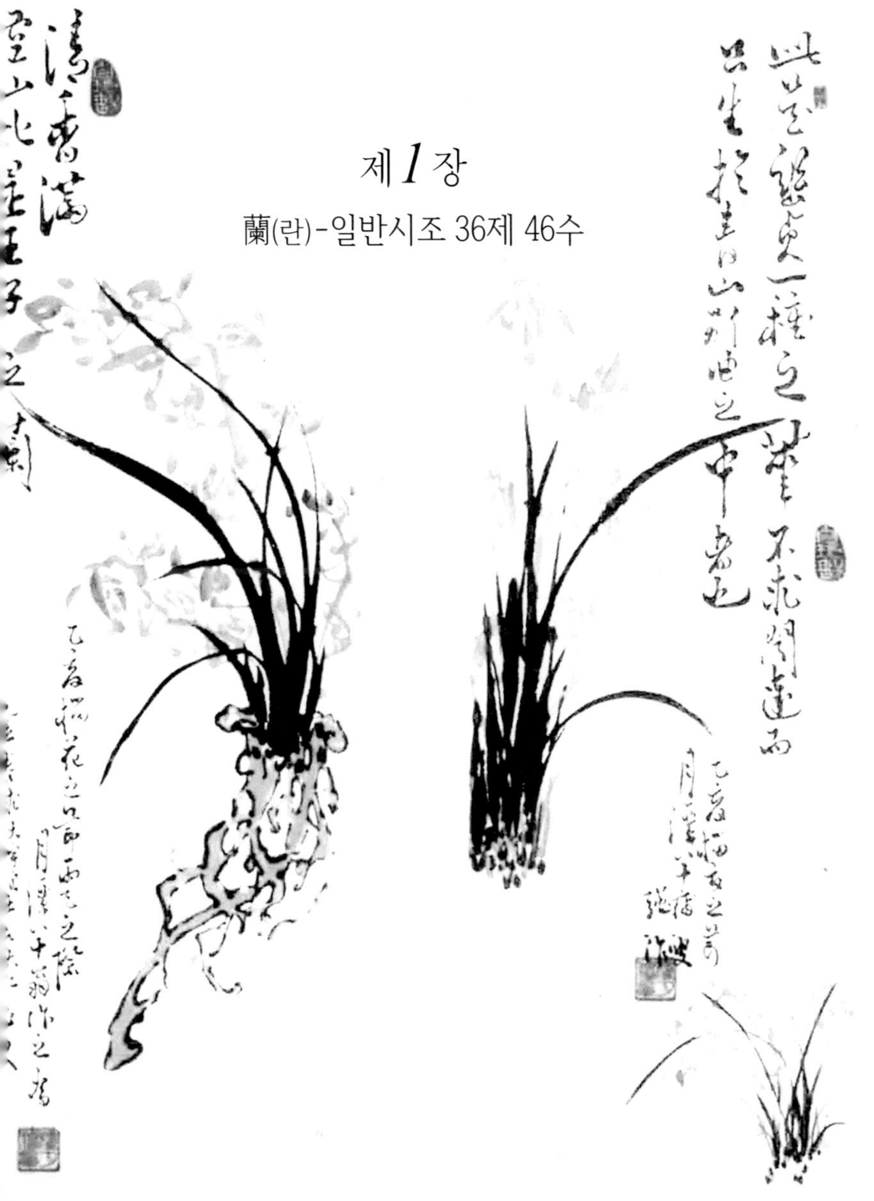

1. 별유천지(別有天地) (2019. 10. 31)

고견사(古見寺) 은행단풍 양풍(凉風)이 쓸어 가면

살랑인 흰 억새꽃 멧새들 불러 모아

구름 위 바위산에는 별유천지(別有天地) 그윽해

---

* 별유산(別有山 1,046m) : 경남 거창군 가조면. 산림청 지정 100대 명산이다. 일명 우두산(牛頭山)이라 한다. 그 중 의상봉(1,032m), 장군봉(956m)이 괜찮다. 기암괴석들이 돌출하고, 견암폭포 지나 유서 깊은 사찰 고견사가 중턱에 있다. 최근 높이 100m 지점에 Y자형 출렁다리(구름다리)를 만들었다.
* 고견사 : 대한불교 조계종 제12교구 본사인 해인사의 말사이다. 667년(문무왕 7) 원효대사가 창건하였다고 전해지는 견암사(見岩寺)에 기원을 둔다. 1360년(공민왕 9) 달순(達順)과 소산(小山)이 김신좌(金臣佐)와 함께 중건하였다(한국민족문화대백과사전). 약 600년 된 은행나무가 고색창연하다. 가을이면 맑은 산중이라 노란 단풍색이 유난히 곱다.
* 양풍 : 시원한 바람 즉, 가을바람을 말한다.
* 멧새 : 천산산맥, 알타이산맥에서 몽골, 우수리, 사할린 남부, 중국 북부와 동부, 한국, 일본에서 번식한다. 대부분 지역에서 텃새이지만, 일부는 남하한다. 국내에서는 과거와 달리, 개체수가 감소해 드물게 번식하는 텃새로, 다소 흔한 겨울철새이다. 야산 가장자리, 농경지, 촌락 주변의 관목, 풀이 무성한 하천 제방 등 개방된 환경에 서식한다. 번식기에는 곤충을 주식으로 하며, 비번식기에는 무리 생활을 하고 풀씨를 먹는다. 돌 틈, 풀뿌리, 낮은 소나무 가지에 밥그릇 모양의 둥지를 짓고 식물 뿌리를 깐다(야생조류 필드가이드).
* 별유천지 : 이백의 칠언절구시 '산중답속인' 제4구 別有天地非人間(별유천지비인간)에 나온다. '다른 세상에 있어' 인간 세상이 아니라는 뜻으로, 경치나 분위기가 좋은 곳을 이르는 말이다.
* 멋진 대련(對聯) 소개 : 心如長江流水淸(심여장강류수청) 마음은 장강의 흐르는 물처럼 맑고, 身似浮雲無是非(신사부운무시비) 몸은 뜬구름과 같아 아무런 시비가 없느니라(신광한/조선).
* 이 산은 예전에 세 번이나 갔는데도, 기억에서 사라져 2019. 10. 31 비로소 시조를 짓다.
* 《현대문학사조》, 제41호(2019 겨울), 시조 2수.

2. 한란(寒蘭) (2019. 12. 8)

찬 기운 맑은 향기 포물선 그린 입새

겉모습 휘었어도 속마음 곧바르니

이슬 낀 비취(翡翠) 꽃대에 백학 무리 앉느니

* 한란은 휘어진 잎 모양이 좋고, 향기가 뛰어나다, 꽃은 일경구화(一莖九華) 계로, 꽃망울은 귀걸이용 곡옥(曲玉)을 많이 닮았으며, 활짝 핀 꽃잎은 학의 날개 모습이다. 명창정궤(明窓淨几)에 란분(蘭盆) 하나면 족하다. 이는 '밝은 창과 깨끗한 책상' 곧, 선비의 서재를 뜻한다. 출전 : 송 구양수(歐陽脩) 시필(試筆).
* 외곡내직(外曲內直) 또는, 내직외곡 : 겉모습은 부드럽게 하되, 마음은 곧게 하라는 말(장자 인간세편). 외유내강(外柔內剛)과 뜻이 비슷하다. 난초에 곧잘 비유된다.
* 《대산문학》, 창간호(2020년 1월), 정격 단시조 2수.
* 《현대문학사조》, 제42호(2020년 봄호), 정격 단시조 2수.

3. 빈 소주병 애환(2019. 12. 10)

툇마루 한구석에 찬바람 몰아치자
빈 소주병 나뒹굴며 신음을 토해내다
선친(先親)이 벽에 기댄 채 콧노래를 부르네

---

* 툇마루 귀퉁이로 삭풍이 몰아친다. 돌아가신 아버지가 잡수신 빈 소주병이 이리저리 나뒹굴며, 바람방향에 따라 괴상한 소리를 내뱉는다. 어쩌다 벽에 닿아 잠시 멈추자, 다른 소리로 변한다.
* 월간 《禪으로 가는 길》, 제166호(2020년 2월).
* 《현대문학사조》, 제42호(2020년 봄호), 정격 단시조 2수.

4. 만어사(萬魚寺) 경석(磬石) (2020. 1. 12)

만 마리 물고기가 종돌로 변했구려
적료(寂廖)가 흐른 절은 용왕석도 묵언수행
길손이 탕 두드리자 한꺼번에 몰려와

---

* 만어사 : 경상남도 밀양시 삼랑진읍 만어산(萬魚山)에 있는 삼국시대 금관가야의 제1대 수로왕이 창건(AD 46)한 것으로 전하는 사찰로, 대한불교 조계종 제15교구 본사인 통도사(通度寺)의 말사이다. 두 가지 전설이 있는데, 이것이 비교적 우위를 점한다. 옛날 동해 용왕의 아들이 수명이 다한 것을 알고, 낙동강 건너에 있는 김해시 장유면 무척산(無隻山)의 신승(神僧)을 찾아가서, 새로 살 곳을 마련해 줄 것을 부탁하였다. 그는 가다가 멈추는 곳이 '인연터'라고 일러주었다. 왕자가 길을 떠나니, 수많은 종류의 고기떼가 그의 뒤를 따랐는데, 머물러 쉰 곳이 이 절이었다. 그 뒤 아들은 큰 '미륵돌'로 변했고, 수많은 고기들은 크고 작은 화석으로 굳어 버렸다고 한다(한국민족대백과사전 인용 수정).
* 이 경석군은 얼음골, 표충비와 함께 '밀양의 3대 신비'로, 특히 만어사 운해는 '밀양8경' 중 하나이다.
* 경석 : 두드리면 맑은 소리가 나는 돌인데, 여기 것은 종소리 혹은 쇠소리가 나며 색은 검다.
* 묵조선(默照禪) : 중국 조동종(曹洞宗)의 굉지(宏智)가 주창한 간화선(看話禪)에 대응되는 선법이다. 묵묵히 말을 잊고, 수행을 이어가면 밝은 본성이 저절로 묘한 작용을 일으키게 된다는 것을 근거로 하고 있다. 동시대에 간화선을 주창했던 대혜(大慧)는 이를 두고, "검은 산 밑에 있는 귀신의 굴로 빠져들게 하는 선법"이라 혹평하였다. 우리나라에서는 묵조선보다 간화선 계통의 수행법을 많이 취한다(한국민족대백(한국민족대백과사전 인용 수정).

5. 울레미 소나무(Wollemi Pine) (2020. 1. 16)

공룡과 친구였지 호주의 소나무여
이억 년 질긴 풍정(風情) 하마터면 사라질 뻔
산불에 용케 살아난 푸른 행성 화석아

---

* 울레미 소나무(Wollemi Pine) : '공룡 소나무'로도 불리는 이 나무는 '쥐라기 시대'부터 생존한 가장 오래된 식물이자, 희귀식물로 꼽힌다. 상록 침엽수로 2억 년 전부터 지구에 서식했어도, 화석으로만 그 존재가 확인돼 멸종된 것으로 전해졌다. 그러나 1994년 호주 시드니 울레미 국립공원에서 자생한다는 사실이 알려져, 학계의 관심을 한 몸에 받기도 했다. 4개월 째 이어지는 호주 전역의 산불 속에서도, 그곳 소방관들의 헌신적인 노력으로 숲을 살려내 세계적인 찬사를 받았다(출처 : 서울신문 나우뉴스, 송현서 입력 2020. 1. 16 기사).
* 계간 《농민문학》, 통권 제111호(2020년 봄호)

6. 따오기(2020. 1. 19)

긴 부리 붉은 얼굴 댕기 녀(女) 방불하고
의젓이 나는 자태 청천에 획(劃)을 긋다
놀래라 과아 일성(一聲)이 만년 정적 깨느니

* 따오기 : 저어새과에 속하는 멸종위기 조류로 천연기념물 제198호다. 몸길이는 약 76.5cm 정도이며, 밑으로 굽은 긴 부리에 다리는 짧은 편이다. 뒷머리의 길다란 깃은 관우(冠羽)를 이룬다. 머리·몸은 흰색, 얼굴·다리는 붉은색, 관우·날개·꼬리와 날 때의 날개깃은 밝은 홍색이다. 부리는 검은색을 띠는데, 끝 부분 만은 붉다. 울음소리는 "과아, 과아"하는 것이 까마귀와 비슷하다. 알은 청색 바탕에 흐린 갈색 얼룩점이 찍혀 있다. 한국의 자생 개체는 1979년에 발견된 것이 마지막이고, 중국에서 들여온 개체를 번식하여 약 170여 마리가 창녕 우포늪에서 사육되고 있다(다음백과 발췌 수정). 한자는 주로(朱鷺), 환(鹮)이라 쓴다. 옛 동요에는 울음소리를 "따옥"이라 잘못 표기했다.

7. 흰 쥐의 공양-선시(2020. 1. 25-경자년 설날)

경자년 새아침에 흰 쥐가 물고 왔네
여래 님 고무신 안 해묵은 강냉이 세 알
임자여 성불했거늘 새삼스레 공양을

* 불교에서는 쥐를 만월보살(滿月菩薩)이라 한다.

8. 석불의 만담(漫談)-선시(2020. 1. 31)

세 수레 경전보다 삼천 배 값진 미소
푸석한 돌부처가 거미줄에 걸렸어도
걸쭉한 저승 만담(漫談)이 중생 번민 씻느니

* 경남 거창군 북상면 농산리 산 53번지의 석조여래입상(보물 제1436호)이다. 온화한 얼굴에 '천년의 미소'를 머금고 있다. 풍우에 씻겨 많이 닳고 삭았다.
* 아! 거미줄에 걸려 벗어나지 못하는 중생의 업보! 삼천대천세계에 다 미친다. 부처에게 삼천배(三千拜)를 행하면 득도할 수 있을까? 돌부처도 돌보지 않으면, 거미가 줄을 친다.
* 다음 블로그 선묵유거 청곡의 글방 '농산리 돌부처'에서 차운(次韻)하다. (2020. 1. 31)

9. 맑은물 찬미(2020. 2. 4)
-함세린

함초롬 내민 꽃술 청객(淸客)은 인고(忍苦) 견뎌
세상일 편히 풀어 시조로 노래한 임
린옥(潾玉)이 번쩍거릴 쯤 별빛마저 맑다오

* 청객 : 매화의 미칭. 린옥 ; 맑은 구슬. 호가 맑은물인 '함세린' 여류시인의 이름을 따서 읊다. 지금 암과 투병 중이다. 제천에서 '청풍명월 시조회'를 만들어 정격시조 보급에 앞장서고 있다. 카카오스토리 게재.

10. 봄동(2020. 2. 8)

겨우내 찬바람에 여물지 못한 속살
자야(子夜) 댁 야윈 종아리 맛깔난 연두 배추
혀끝에 맴도는 봄 향 씹을수록 단맛 나

* 봄동은 겨울에 노지에서 재배한 배추를 말한다. 추운 날씨 때문에 결구(속이 꽉 참)가 되지 못하고 잎이 옆으로 퍼져 있다. 김장김치 보다 수분이 많아 단맛이 강하고, 아미노산이 풍부하여 씹을수록 고소한 맛이 난다. 주로 겉절이로 쓰인다.
* 도봉문인협회 단체 카카오 톡에 올라온, 이순향 시조시인의 '봄동'에 대한 화운(和韻) 시조이다. 박정근 평론가(대진대학교 교수)는 "여성을 배추로 은유하고, 무 닮은 남성의 욕구를 관능적으로 묘사했다"라고 평한다.

11. 앉은부채(2020. 2. 9)

변신의 귀재(鬼才)여라 새싹이 호롱불로
동토를 뚫고 나와 보란 듯 앉은 부채
코브라 머리 쳐들고 탁한 세상 노려봐

---

* 앉은부채 : 단자엽 식물로 천남성과이다. 안진부채, 삿부채풀, 우엉취, 산부채풀 등으로 부른다(북한 명칭 삿부채). 본초명(本草名)은 수파초(水芭草), 지용금련(地湧金蓮), 취숭(臭菘)이다. 다년생 초본으로 근경이나 종자로 번식한다. 전국적으로 분포하며 산골짜기의 그늘진 비탈에서 자란다. 줄기가 없으며 근경에서 뿌리와 잎이 나오고, 잎몸은 길이 30~50cm 정도의 난상 타원형이다. 3~4월에 개화한다. 이른 봄에 잎보다 먼저 1개씩 나오는 화경은 길이 10~20cm 정도이고, 육수꽃차례가 있으며, 포는 길이 8~15cm, 지름 5~10cm 정도로 연한 녹색에 자갈색의 반점이 있다. 식물체 전체에서 암모니아 같은 냄새가 난다. 뿌리는 유독하지만 잎은 일부 산간지방에서 독을 제거한 후, 묵나물로 먹기도 한다. 일반적으로는 독성이 강하여 먹지 않는다. 정원에 심어 관상용으로도 기른다(우리주변식물생태도감 인용).
* 학명은 Symplocarpus renifolius Schott ex Miq.이고, 꽃말은 '그냥 내버려 두세요'이다.
* 갓 나온 꽃은 호롱불 혹은, 코브라 머리를 닮았다. 넓고 푸른 잎이 무성한 성체는 군집을 이룬다.
* 식물의 우리말 학명(學名)은 붙여 쓴다.

12. 앉은부채 얌체(2020. 2. 10)

비로도 치마 입고 구린내 풍긴 왕녀
부채를 흔들면서 난 몰라 하는 얌체
눈웃음 슬쩍 던진 뒤 돌아앉아 낄낄대

---

* 앉은부채는 식물 전체에서 약간의 구린내가 난다. 꽃말은 나를 건드리지 마세요. 비로드는 벨루도(veludo, 포르투갈 어)에서 유래한 일본말로 비표준어이다. 벨벳(velvet), 우단(羽緞). 천아융(天鵝絨).
* 오늘날 국제정세와 국내정치 양상이 위와 무엇이 다른가?

13. 대왕조개(2020. 2. 15)

산호초(珊瑚礁) 끌고 가는 다섯 고랑 패왕수레
오십 관(貫) 넘는 체구 영롱한 껍데기에
관음(觀音)이 세면을 하다 황금 달을 건지네

---

* 대왕조개(giant clam) : 연체동물이다. 한자로 거거(車渠, 硨磲)라 하고, 불가 칠보(七寶) 중 하나이다. 조개류 중 현존하는 가장 큰 종인데, 무게 200kg, 길이 15~150cm 가량 성장하고, 100년 이상 산다. 다섯 고랑의 굵은 주름이 있는 패각과, 두꺼운 외투막으로 이루어져 있으며, 공생하는 조류(藻類)의 색깔에 따라 화려한 무늬를 보인다. 공생조류(주산텔래 Zooxanthellae)가 광합성을 통해 제공하는 탄수화물과 식물성 플랑크톤을 섭취한다. 인도양과 태평양 연안의 산호초 지대에 분포하며, 그 생태계에 도움을 준다. 남획으로 인해 멸종위기에 있다(다음백과 인용 수정). 학명은 Tridacna gigas이다.

14. 삼(2020. 2. 16)

베 내준 곧은 존자(尊者) 시주도 넉넉할 사
삼 삶는 생원(生員) 영감 동네잔치 벌였어도
불한당(不汗黨) 꿍꿍이셈에 멋진 풍류 사라져

---

*삼 : 대마(大麻)라고도 하며 학명은 Cannabis sativa L.이다. 높이는 온대에서 3m 내외이지만, 열대에서는 6m까지 자란다. 줄기는 세로로 골이 져 있고, 유조직(柔組織) 안에 내초섬유(內鞘纖維)가 형성되어 있는데, 이것이 우리가 이용하는 인피섬유(靭皮纖維)이다. 원산지는 중앙아시아로 알려져 있고, 4000여년 전 볼가강 유역에서 재배하기 시작하여, 유럽에는 기원전 1500년경에 전파되었다. 중국에는 신농시대부터 알려졌고, 기원전 500년경의 《서경》에는 삼으로 시(枲)와 저(苴)가 있다는 식물학적 기록도 있다. 우리나라에서는 《삼국사기》에 삼에 관한 기록이 있는 것으로 미루어, 오래 전부터 재배되었을 것으로 추측된다. 삼은 고려 말 문익점(文益漸)이 '목화의 씨'를 들여올 때까지, 우리 의료의 주종을 이루었다. 그 섬유는 직물·모기장·밧줄·어망·제지원료 등에 이용되고, 열매는 기름을 짜서 식용하거나, 등불기름·비누·바니시·페인트 등에 이용되고, 깻묵은 사료와 비료로 이용된다. 특히, 털에서 나오는 진은 '해시시'라 하여 환각을 일으키는 작용이 있다. 잎과 꽃을 말린 것이 대마초(마리화나)이다. 한국은 1970년도에 대마가 마약으로 지정된 이후, 1976년 '대마관리법'을 통해 특별 관리하고 있다. 2000년 '마약류관리에 관한 법률'이 제정됨으로써, 다른 마약과 같은 취급을 받고 있다. 미국은 50개 주 중 28개 주에서 이미 합법화 했고, 근래 캐나다도 합법화했다. 예전 미국 담배회사와 석유화학업자들의 농간에 의해, 마약으로 분류돼 세계를 통제한 것으로 분석되고 있다(한국민족문화대백과사전 등 인용 수정).

*인류의 미래를 구원할 귀중한 식물자원이다.

*안동포 : 경상북도 안동지역에서 생산되는 대마포(삼베)이다. 계추리베·생내기라고도 한다. 기후와 토질이 대마 재배에 적합하며, 제직 기술이 우수하여 조선시대 궁중 진상품이었다. 대표적인 서민용 옷감으로 연한 황색의 극세포이며, 한여름의 남자 옷인 고의·적삼 등에 쓰였다.

*전에는 동네 부자들이 삼을 삶을 때, 잔치를 벌여 축제 분위기를 만들었다.

*존자 : 학문과 덕행이 높아 존경받는 불제자를 높여 이르는 말이다.

*삼과 관련된 명언 : 봉생마중 불부자직(蓬生馬中 不扶自直)−쑥이 삼 가운데서 자라면, 붙들어 주지 않아도 저절로 곧아진다. 즉, 사람도 좋은 환경에서 자라면 절로 좋아짐을 이른다(사자소학).

*불한당 : 땀을 흘리지 않는 무리 즉, 떼를 지어 다니며 강도짓을 하는 무리를 일컫는다.

15. 물레방아(2020. 2. 19 우수)

-추억의 편린

우수 날 풀린 물이 물레방아 돌린다지
왕겨에 뒹군 분이 땟국 흐른 치마 마냥
바퀴에 무지개 굴리다 뼈마디가 삭았소

---

* 평생을 돌고 돌다 결국은 제 자리로 오는 인생! 그기는 비칠 듯 무지개 희망과 걸멘 숙명이 교차한다.
* 속담 하나 : 똥 묻은 개가 겨 묻은 개 나무란다. 이단공단(以短攻短)-자기의 단점이 있음에도, 남의 단점을 공격한다(채근담).
* 세상에서 가장 쉬운 것은 나이를 먹는 일이며, 제일 어려운 일은 자신과의 약속을 지키는 것이다.

16. 우한 폐렴 1(2020. 2. 24)

종규(鐘馗)를 모셔올까 창궐한 우한 폐렴
입마개 했다지만 악수도 꺼린 세태
마귀가 따로 없어라 인간관계 끊으니

---

*종규(鐘馗) : 전설에 따르면, 당 명황(明皇, 玄宗 713~755 재위)이 병환 중에 큰 귀신이 작은 귀신을 잡아먹는 꿈을 꾸었는데, 이때 큰 귀신이 자칭 '종규'라고 하면서, 이전에 무과에 응시했으나 급제하지 못하여 죽은 후에 세상의 역병(疫病)과 요괴를 모두 없앨 것을 결심했다고 말했다(다음백과).

*코로나 바이러스(corona virus)로 불린다. 2019년 12월 중국 무한에서 발생한 호흡기 질환으로, 처음에는 '우한 폐렴(武漢肺炎)'으로 불렸으나, 나중 '코로나 19'(COVID-19)로 이름이 바뀌었다. 전염성이 강하다. 2020년 2월 대구 신천지교회에서 집단으로 확산되어 여론이 들끓는다.

*시민은 마스크를 착용하고, 각종 행사와 모임은 연기 혹은 취소되어 인간관계(HR)가 단절되다.

*질병은 치료보다 예방이 더 중요하다!

*징전비후(懲前毖後) : 지난 일을 징계하여 뒷날의 근심을 피하다. 이전의 잘못을 교훈으로 삼아, 앞으로 되풀이하지 않도록 조심하는 것을 비유하는 말이다. 출처 : 《시경(詩經)·주송(周頌) 〈소비(小毖)〉》. 후일 조선시대 서애(西厓) 류성룡(柳成龍)이 조일전쟁(임진왜란)을 회고하면서, 저술한 《징비록(懲毖錄)》은 바로 이 성어에서 따온 것이다(고사성어대사전). 유비무환(有備無患, 출전 書經 說命)과 뜻이 비슷하다.

17. 드론(2020. 2. 26)

웅웅대 날아다닌 겁없는 땅벌이라
싸움도 곧잘 하는 멋있는 기계 동무
톡 쏘면 따끔거려도 참살이에 도움 돼

---

* 드론((Drone) : 조종사가 탑승하지 않고, 무선전파 유도에 의해 비행과 조종이 가능한 비행기나 헬리콥터 모양의 무인기(無人機)를 뜻한다. '낮게 웅웅거리는 소리'를 뜻하는 단어로, 벌이 날아다니며 웅웅대는 소리에 착안에 붙여진 이름이다. 애초 군사용으로 탄생했지만, 이제는 고공 영상사진 촬영과 배달, 기상정보 수집, 농약 살포, 건설현장 안전진단 등 다양한 분야에서 활용되고 있다. 크기에 따라 무게 25g의 초소형에서부터, 1만 2000kg에 40시간 이상의 체공 성능을 지닌 것까지 여러 가지다. 1930년 무인항공기에 '드론'이라는 이름으로 명명됐다. 민수용으로 확대되면서 수요가 급증하는 추세다. 가격이 하락하고, 소형화 되고, 이동성이 강화되면서 상업적 이용이 늘어나고 있다. '1인 1드론 시대'가 도래할 거라는 전망도 나오고 있다. 1982년 이스라엘의 레바논 침공시 처음으로 실전에 투입됐다(다음백과 발췌). 한편 2020. 1. 3(현지시각) 미국이 이라크에서, 이란의 해외공작 책임자인 '거셈 솔레이마니' 소장을 드론으로 살해함으로써, 하마터면 전쟁위기까지 갈 뻔했다. 그는 이란군의 정예부대인 이란혁명수비대(IRGC) 가운데에서도, 핵심인 '쿠드스군(Quds Force)'을 지휘하던 인물이다.
* 땅벌(Vespula flaviceps) : 말벌과에 속하는 벌의 한 종류로, 땅속이나 숲속에 층층이 된 집을 짓고 산다. 방언으로 땡삐, 오빠시라고도 한다. 몸길이는 대략 15mm 정도로, 말벌보다 작다. 검은색 몸에 황색선이 있다. 주로 수액이나 과일을 먹지만, 꿀벌 등 작은 곤충을 사냥하기도 한다. 국립생물자원관은 땅벌의 독을 이용한 멸균백신(滅菌 vaccine) 제조법을 개발했다(위키백과).

18. 성불송(成佛松)-선시(2020. 2. 28)

-점오(漸悟)의 묘미

절간 뒤 해우소(解憂所)에 뿌리 내린 번뇌 솔
진백이 똥 뜨물을 틈틈이 빨아올려
쏴하게 청풍이 불면 붓다 향기 풍기지

---

* 점오 : 점점 깊이 깨닫다(佛).
* 해우소 : 근심을 푸는 곳. 절의 변소를 뜻한다. 문경 운달산 금룡사는 전나무 숲과 통시가 유명하다. 순천 선암사 뒷간도 일 볼 때, '다리가 후들거릴 정도'로 놀랍다 한다. 앞에 등 굽은 소나무가 있다. 정호승의 시 선암사 일부. "~등 굽은 소나무에 기대어 통곡하라"에 나온다.
* 진백이 : 진짜배기의 방언.
* 불가에서는 똥을 '윤회한 쌀'이라 한다.
* 붓다(Buddha) : 불교의 교조인 석가모니. 부처의 공덕 자체(사전).
* 사람을 포함한 이 세상 모든 것이 본래 부처(本來佛)이다.
* 산중 측간(厠間)도 구린내가 나지만, 한 발작 물러나면 솔향기가 은은하다.
* 맑은 옹달샘을 소가 마시면 우유가 되고, 뱀이 마시면 독이 된다.

19. 운룡매(雲龍梅) (2020. 3. 3)

삐죽이 내민 입술 손목은 꼬부라져
팔딱댄 힘살 혈맥 매화향 풍긴 흑룡
봄이면 흰 구름 타고 문둥이춤 춘다오

* 전남 순천시 순복음교회 마당에 핀 운룡매(雲龍梅)는 글자 그대로, 구름 위에서 신나게 춤추는 룡의 모습을 지닌 흰 매화이다. 검은 가지는 꼬이고 뒤틀려 어찌 보면, 공옥진(孔玉振, 1931~) 무용가의 문둥이춤과 흡사하다. 병신춤이면 어떻고, 살풀이춤이면 또 어떠랴? 룡은 봄이 되면 구름을 타고 하늘로 오르고, 가을에는 깊은 물속으로 잠긴다.

20. 거연정(居然亭) (2020. 3. 4)

기암은 내 다리요 노송은 내 팔이라
무지개 꿰찬 누정(樓亭) 화선(畵仙)이 붓을 대자
어느덧 태백이 되어 물거울에 비치네

---

* 거연정(居然亭) : 경남 함양군 안의삼동(安義三洞) 계곡에 있는 정자로, 국가 명승 제86호다. 화림동천(花林洞天) 가운데 위치한다. 기암과 주변의 노송이 함께 조화를 이루어 매우 아름답다. 중층으로 된 누각 형태로 정면 3칸, 측면 2칸 규모이다. 내부는 판재로 벽체를 구성한 1칸의 판방을 갖추고 있는 유실형(有室形)이다. 굴곡이 심한 천연 암반을 그대로 활용하기 위해, 아랫부분만 주추를 놓고 그 위에 기둥을 세운 자연친화적인 공법이다. 원래 1640년 중추부사를 지낸 전시서(全時敍)가 억새로 지은 초정(草亭)이었으나, 1872년 그의 7대 손인 전재학이 이를 철거하고, 훼철(毁撤)된 서산서원(西山書院)의 재목으로 이를 중수해 오늘에 이르렀다. 이름 그대로 자연과 어울려 계류가 맑고, 주위 단풍이 참 곱다(우리 명승기행 발췌 수정). 북한의 자강도 강계시 남산동에도 '거연정(巨然亭)'이 있는데, 그것은 1890년에 사정(射亭, 활쏘기 연습용 정자)으로 지은 것이다.
* 태백(太白) : 금성(金星)을 달리 이르는 말이다. 샛별, 개밥바라기 등 여러 이름으로 불린다. 시선(詩仙) 이백(李白)의 미칭이기도 하다. 로마 신화에서는 사랑과 미의 여신 비너스(Venus)를 뜻한다.

21. 선교장(船橋莊) (2020. 3. 5 경칩)

족제비 쫓아가다 명당 터 찾아냈지
뱃머리 올라서면 정든 얘기 오가고
짙은 향 연꽃 정각(亭閣)에 보라안개 펴올라

---

* 선교장(船橋莊) : 강원도 강릉시 운정동 431. 국가민속문화재 제5호(1967. 4. 20 지정). 99칸의 이 집은 '집터가 뱃머리를 연상하게 한다'하여 명명했다. 1700년 경 효령대군의 11대손 무경 이내번(李乃蕃)이 처음 지었으며, 10대에 걸쳐 증축했다. 그가 족제비떼를 쫓다가 우연히 발견한 명당자리라 전한다. 사랑채인 열화당(悅話堂)은 1815년 오은처사 이후(李厚)가 건립하였고, 정자인 활래정(活來亭)은 1816년 이근우(李根宇)가 중건하였다. 안채·사랑채·동별당·서별당·사당·정자·행랑채를 골고루 갖춘 큰집으로, 조선시대 상류주택의 대표적인 한 예다. 배치는 간좌곤향(艮坐坤向)의 서남향을 하고 있다. 여름에 가면 볼거리가 많다(한국민족문화대백과사전 발췌 수정).
* 활래정(活來亭) : 외별당채 네모 연못에 있는 정자이다. 가운데 동그란 섬의 반송(盤松)이 운치 있고, 연꽃과 배롱나무가 조화롭다. 주자(朱子)의 시 '관서유감' (觀書有感) 제1수 제4구 爲有頭源活水來(위유두원활수래) 즉, '못 입구에서 살아있는 물이 흘러 들어오다'에서 유래했다.
* 열화당(悅話堂) : '가까운 이들(친척) 간의 정다운 이야기를 주고받는다(悅親戚之情話, 열친척지정화)'라는, 도연명(陶淵明)의 '귀거래사(歸去來辭)' 마지막 구절에서 따온 것이다. 마당에 오래된 능소화가 좋다. 출판사 '열화당'은 1971년 이기웅(1940~) 씨가 설립해 가문의 영광과 전통을 이어가고 있다.

22. 방화수류정(訪花隨柳亭) (2020. 3. 8)

한 송이 홍매일까 벼랑 위 솟은 누각
한바탕 봉무(鳳舞) 추는 현란(絢爛)한 단청 아래
우승컵 높이 쳐들고 환호하는 연못아

---

* 방화수류정 : 경기도 수원시 장안동 수원성곽의 동북쪽에 있는 조선 후기의 누각이다(보물 제1709호). 1794년(정조 18) 성곽을 축조할 때 세운 누각 중 하나로, 특히 경관이 뛰어나 이 당호가 붙여졌다. 수원성의 북수구문인 화홍문의 동쪽에 인접한 높은 벼랑 위에 있는데, 그 아래에 '용연(龍淵)'이라는 인공 연못이 있다. 앞면 3칸, 옆면 3칸의 아자형 평면구조이며, 지붕은 8각지붕을 기본으로, 남북에 합각을 더 세워 십자형으로 되어 있다. 그 위에 삼절병통이 얹혀 있다. 정자의 이름은 중국 송나라의 시인 정명도(程明道)의 시 '춘일우성(春日偶成)' 제2구(訪花隨柳過前川 방화수류과전천-꽃을 찾고 버들을 따라 앞 내를 건너다)에서 따왔다. 지금의 현판 글씨는 원곡(原谷) 김기승(金基昇 1909~2000)이 썼다(다음백과 인용 수정).
* 누각은 홍매처럼 아름답다. 화려한 단청은 마치 봉황이 춤추는 모습이다. 또한, 연못 안 돌로 말끔히 테를 두른 둥근 섬과 나무는 트로피를 떠오르게 한다. 시상(詩想)은 다음블로그 친구 '선묵유거'에서 힌트를 얻었다. 청곡(靑谷) 정명섭(鄭明燮) 선생의 시 전문(全文)을 그대로 옮겨본다. "우승팀이 트로피를 추켜들며/환호성을 터뜨리듯/둔덕 위에 거양된 정자 하나/한 송이 꽃처럼 아름답다/정자에 올라 사방을 둘러보니/옛 성곽에 서린 역사의 향기/백성을 굽어보는 님의 큰 사랑"(2020. 3. 8)
* 여기 연못은 좀 이외다. 일반적으로 인공 연못을 조성할 때 테두리는 4각으로 하고, 물 가운데 섬은 둥글게 한다. 이는 '천원지방(天圓地方)'의 원리를 따른 것이다. 즉, 하늘은 둥글고, 땅은 모가 난다(각이 진다)는 전통적 우주관에 입각한다.

23. 우한 폐렴 2(2020. 3. 9)
-판도라의 항아리

열지 마 경고해도 호기심에 뚜껑 열어
음모야 있건 없건 폐렴 재앙 쏟아내니
아직도 판도라 단지에 희망 하나 남았소

* 판도라의 상자(Pandora's box) : 판도라의 함(函)은 '판도라'가, 제우스 주신(主神)이 "절대로 열지 말라"는 경고에도 불구하고, 호기심을 참지 못해 뚜껑을 열었더니, 그 속에서 온갖 재앙이 뛰쳐나와 세상에 퍼지고, 상자 속에는 오직 '희망'만이 남았다는, 그리스 신화에 나오는 상자이다. 원래는 '판도라의 항아리'이지만, 번역을 잘못해서 '판도라의 상자'라고 알려지게 되었다고 한다. 뜻밖의 재앙의 근원을 말하기도 한다. 그 후 사람들은 상자에서 빠져나온 악들이 자신을 괴롭혀도, '희망'만은 절대 잃지 않게 되었다고 한다(위키백과 발췌 수정).
* 좀처럼 수그러들지 않고, 극성을 부리는 이번 우한 폐렴도 반드시 퇴치된다. 희망의 끈을 늦추지 말자!
* 확산세가 줄자 '사회적 거리두기'가 백신이라 보도한다(2020. 3. 8, 16 : 37 머니투데이, 이민하 기자).
* 팬데믹(pandemic) : 세계적 유행을 뜻한다. WHO는 2020. 3. 20 코비드19를 사상 3번째로 선언했다.

24. 광한루(廣寒樓) (2020. 3. 9)

달나라 궁전이라 계수 향 은은한데
홍예(虹蜺) 튼 오작교에 견우성 반짝이고
차가워 못에 떨어진 항아(姮娥)님의 옥비녀

---

* 광한루(廣寒樓) : 전라북도 남원시 요천로 1447(천거동). 보물 제281호다. 본래 조선 초에 지어진 건물로. 1419년 남원으로 유배 온 황희(黃喜)가 이를 올렸다. 당시의 이름은 '광통루'였다. 1434년 중건의 과정을 거쳤는데, 정인지가 광한청허부(廣寒淸虛府)라 칭한 후, '광한루'라는 이름으로 불리게 되었다. 이는 옥황상제가 사는 달나라 별궁을 뜻한다. 밀양 영남루, 진주 촉석루, 평양 부벽루와 함께 우리나라 4대 누각에 들 정도로 만듦새가 뛰어나다. 현재의 건물은 1638년에 재건된 것이며, 장의국(張義國)이 누각 앞에 연못을 파고, 오작교를 가설하여 오늘에 이르고 있다. 정면 5칸, 측면 3칸으로 이루어진 팔작지붕 형태의 건물이다. 이를 포함해 연못, 방장정, 영주각 등이 어우러진 정원인, '광한루원(廣寒樓園)'은 국가명승 제33호이다(대한민국 구석구석 발췌 보완).
* 광한루는 춘향(春香)과 관련이 있다.
* 항아(姮娥) : 중국 신화에 나오는 달의 여신. 시와 소설에서 그녀의 아름다움은 늘 찬양의 대상이다. 그녀는 신(神)이 자신의 남편 후예(后羿)에게 내린 불사약을 훔쳐 먹었다가, 그에게 발각되자 달로 도망가 숨었다. 후예는 항아를 쫓았으나, 그녀와 화해를 약속하지 않으면, 통과시켜 주지 않기로 한 옥토끼의 방해를 받게 된다(다음백과 발췌 수정). 《회남자(淮南子)》 6장 남명훈(覽冥訓) 참조. 서양의 아르테미스(Artemis)에 해당된다. 그리스 신화에 나오는 달과 사냥·야생동물·처녀성의 여신이다. 로마 신화의 디아나(Diana, 라틴어)와 동일시한다. 제우스와 레토 사이에서 태어난 딸로 아폴론과 남매 사이다(위키백과).

25. 부벽루(浮碧樓) (2020. 3. 9)

푸른 루(樓)강에 뜨고 동쪽 벌 산이 점점(點點)

달맞이 난간 따라 기러기 줄져 날자

소객(騷客)은 붓을 꺾은 채 빈 술잔만 기울여

---

* 부벽루(浮碧樓) : 북한 평양직할시 중구역 대동강변 청류벽(淸流壁) 위에 있는 누정이다. 처음 이름은 영명루(永明樓)다. 393년 초창(初創), 1614년 중건, 1956년과 1959년에 복원하다. 북한 국보유적 제17호. 진주 촉석루, 밀양 영남루와 함께 조선시대 3대 누정으로 꼽힌다. 여기에 올라서면, 벽 아래로 유유히 흐르는 대동강물과 강 건너 펼쳐진 들판, 멀리 크고 작은 산들이 보이는 전경이 매우 아름답다. 외부에서 보면, 비단 자락을 펼쳐 놓은 듯 맑고 푸른 물과 짙은 녹음, 깎아지른 절벽이 조화를 이루어 신비로운 느낌을 준다. 이 풍광을 보고 고려시대의 유명한 시인 김황원(金黃元)은 시심(詩心)을 일으켜, "장성일면용용수 대야동두점점산(長城一面溶溶水 大野東頭點點山 : 긴 성벽기슭으로 강물이 도도히 흐르고, 넓은 벌 동쪽에는 점점 산이 있네)"이라는 시를 지었다. 이 뒤로 더는 시구가 떠오르지 않자, 통곡하며 붓대를 꺾고 말았다는 이야기가 전해온다. 낮경치도 좋지만, 밝은 달이 뜬 밤경치가 더 아름다워 "부벽완월(浮壁玩月: 부벽루의 달구경)"은 일찍부터 '평양8경'의 하나로 알려져 있다. 정면 5칸(14.58m), 측면 3칸(7.68m)의 장방형 평면 위에 배흘림기둥을 세우고, 2익공 공포를 결구한 다음, 겹처마의 팔작지붕을 얹었다. 기단은 낮은 편이고, 그 위의 기둥 간격은 가운데 칸이 가장 넓고, 그 좌우 칸은 좁다(한국민족문화대백과사전 인용수정).
* 이 누각에 관한 한시 중, 걸작인 목은(牧隱) 이색((李穡, 1328~1396)의 오언율시 '부벽루'를 소개한다.

昨過永明寺(작과영명사)	어제 영명사를 지나다가
暫登浮碧樓(잠등부벽루)	잠시 부벽루에 올랐네
城空月一片(성공월일편)	성은 텅 빈 채로 달 한 조각 떠 있고
石老雲千秋(석로운천추)	오래된 조천석(섬돌) 위에 천 년의 구름 흐르네
麟馬去不返(인마거불반)	기린마는 떠나간 뒤 돌아오지 않는데 *동명왕이 타든 말
天孫何處遊(천손하처유)	천손은 지금 어느 곳에 노니는가 *한민족
長嘯倚風磴(장소의풍등)	돌다리에 기대어 휘파람 부노라니
山青江自流(산청강자류)	산은 푸르고 강은 절로 흐르네

* 작가는 여기서 인간 역정의 유한함과 자연의 영원함을 대조적으로 표현해, 지난 날(고구려)의 찬란한 역사를 회고하며, 그와 대비되는 현재의 모습에서 인생무상에 젖어 읊은 것으로 보인다.
* 필자는 직접 가보지 못해 탁상에서 읊다.

26. 영남루(嶺南樓) (2020. 3. 9)

강물은 잔잔한데 짝 짓는 물새 한 쌍
누정 뜰 아늑하니 객고(客苦)를 달래는가
빈객은 기생 치마에 매조도(梅鳥圖)를 그리네

---

* 영남루(嶺南樓) : 경상남도 밀양시 중앙로 324(내일동). 보물 제147호이다. 조선시대 밀양도호부의 객사 부속건물로 손님을 접대하거나, 주변 경치를 보면서 휴식을 취하던 건물(누정)이다. 처음 지어진 것은 고려시대인데, 그 뒤 여러 차례의 소실과 재건을 거듭하였다. 정면 5칸, 측면 4칸의 3익공식(翼工式) 겹처마 팔작지붕건물이다. 1365년 처음 건립했고, 1844년 최종 복구했다. 넓은 밀양강을 옆에 끼고, 절벽 위에 남향으로 앉혀 있다. 빼어난 주위 경관과 건축미가 조화를 이룬다. 《동국여지승람》에 이 건물을 노래한 고려시대 및 조선시대 여러 문인들의 시가 전한다(한국민족문화대백과사전 발췌 수정).
* 야경이 좋아 밀양8경 중 제1경으로 뽑혔다.
* 졸작 시조, 평양팔경 중 제2경 '부벽완월' 참조.

27. 촉석루(矗石樓) (2020. 3. 9)

웅장한 고래 누각 붕새로 비상하면

남강은 파도 일고 의암(義巖)에 숨는 잉어

용 서린 층층바위 위 선비 상투 우뚝해

---

* 촉석루(矗石樓) : 경상남도 진주시 남강로 626(본성동) 진주성내. 경남 문화재 자료 제8호(1983. 7. 20 지정)이다. 남강(南江) 가 벼랑 위에 장엄하게 솟아, 영남(嶺南) 제일의 아름다운 누각임을 자랑한다. 1241년(고려 고종 28)에 창건하여 8차례의 중건과 보수를 거쳤던, 이 누각은 진주성의 남장대(南將臺)로 장원루(壯元樓)라고도 하였다. 전쟁이 일어나면 진주성을 지키는 지휘본부였고, 평화로운 시절에는 향시(鄕試 : 初試)를 치르는 고시장(考試場)으로 사용되었다. 6·25 때 불탄 것을 시민들의 힘을 모아 '진주고적보존회'를 만들어 1960년에 복원하였다. 건물은 팔작지붕에 다락의 형태를 하고 있으며, 누각 밑의 돌기둥은 창원의 촉석산에서 채석하였고, 목재는 강원도 오대산에서 가져왔다. 루에는 4개의 현판과, 시인 묵객들의 시판이 걸려 있다. 매년 가을 진주성에서는 '진주남강유등축제'가 열려 독특한 볼거리를 제공한다. 강변 바위에는 명문 석각(石刻)이 많다(대한민국 구석구석 인용 수정).
* 붕새 : 날개의 길이가 삼천 리이며 하루에 9만 리를 날아간다는, 매우 큰 상상의 새다. 북해의 곤(鯤)이라는 물고기가 화(化)한 것이다(장자 소요유편).
* 논개(論介, 1574~71593) : 또는 주논개(朱論介)는 조선 선조시대의 의기(義妓)이다. 충절을 기려 의암(義巖)이라 한다. 관기인 그녀는 재주가 뛰어나고, 시문(詩文)에 능하였다. 임진왜란 제2차 진주성전투에서 승리한 왜군의 축하연 옆자리에 앉은 왜장 '게다니'를, 촉석루 밑 의암(원래는 危巖, 경남기념물 제235호) 바위까지 유인해 함께 남강(南江)에 투신하였다. 경상우병사 최경회의 첩실이다.
* 상투 : 머리카락을 모두 올려 빗어, 정수리 위에서 틀어 감아 맨 머리모양. 혼인한 남자의 전통적인 머리이다. 한자어로는 '추계(推髻)' 또는 '수계(竪髻)'라고 한다. 중국의 『사기(史記)』에 위만(衛滿)이 조선에 들어올 때, '추결(魋結)'을 하고 왔다는 기록과, 『삼국지(三國志)』 위지 동이전 한조(韓條)에 '괴두노계(魁頭露紒)', 즉 관모를 쓰지 않는 날상투를 하였다는 기록이 있다. 출처 : 한국민족문화대백과사전.

28. 선암사 승선교(昇仙橋) (2020. 3. 13)

돌다리 건너야만 정토(淨土)에 이른다지
스님의 땀방울은 옥구슬로 박혔는데
선녀만 하늘 오르고 무지개는 잡혔네

---

* 승선교 : 전라남도 순천시 승주읍 선암사길 450(죽학리) 선암사(仙巖寺). 홍교 석교는 보물 제400호다.
'신선이 하늘로 오르는' 모습이다. 높이 7m, 길이 14m, 너비 3.5m. 길다란 화강암으로 다듬은 장대석(長臺石)을 연결하여 반원형의 홍예(虹蜺)를 쌓았다. 결구 솜씨가 정교하여 밑에서 올려다보면, 부드럽게 조각된 둥근 천장과 같은 느낌을 준다. 홍예를 중심으로 좌우의 계곡 기슭까지의 사이에는, 둥글둥글한 냇돌을 사용하여 석벽을 쌓아 막았다. 다리 좌우의 측면석축도 난석(亂石) 쌓기로 자연미를 그대로 살렸으며, 원형을 잘 지니고 있다. 구조적 미를 창조한 세밀함과 공력에 감탄을 금할 수 없다. 주위의 경관도 매우 아름답다. 봄에 청매, 가을에 단풍이 기막히다. 1698년(숙종 24) 관음보살의 은혜를 입은 호암대사(護巖大師)가 세운 것으로 전한다(한국민족문화대백과사전 발췌 수정).

29. 소쇄원(瀟灑園) (2020. 3. 15)

대바람 시원하니 정원은 한결 맑고
마루에 달이 웃어 청론(淸論)은 더욱 풍성
호유(湖儒)들 절의 다투자 베짱이가 참견해

---

* 소쇄원(瀟灑園) : 전라남도 담양군 가사문학면 지곡리에 있는 조선시대의 정원이다. 중종 때의 학자 양산보(梁山甫, 1503~1557)가 기묘사화로 스승인 조광조(趙光祖)가 화를 입자. 시골로 은거하면서 지은 별서정원(別墅庭園)이다. 자연미와 구도 면에서 조선의 정원 중에서 최고로 꼽힌다. 2008년 5월 2일 국가명승 제40호로 지정되었다. 지정구역 4,399m², 보호구역 11만 7,05㎡ 면적이다. 계곡을 중심으로 사다리꼴 형태로 되어 있으며, 기능과 공간의 특성에 따라 애양단구역, 오곡문구역, 제월당구역, 광풍각구역으로 구분할 수 있다. 1530년 조경을 시작하고, 1592년 정유재란 중 건물이 불에 탔다. 1614년 양산보의 손자 천운(1568~1637)이 재건했다. 선비의 고고한 품성과 절의가 엿보이는 아름다운 곳으로, 호남유림의 구심점이도 했다. 양산보의 호 소쇄옹(瀟灑翁)에서 따왔는데. 소쇄라 함은 '기운이 맑고 깨끗함'을 뜻한다(위키백과 발췌 수정). 소쇄원의 배치를 목판(木板)으로 새긴 「소쇄원도(瀟灑園圖)」가 남아 있다.
* 조선 전기 전남 장성 출신의 문신이자 학자인 하서(河西) 김인후(金麟厚, 1510~1560가 지은 한시 오언절구 '소쇄원48(소쇄원사십팔여)'영이 있다.

30. 점박이물범(2020. 3. 15)

매끈한 몸매 반점 둥글면 매력 만점
야릇한 물범 눈길 입 맞추면 자맥질 해
서해는 고향 아닐 터 은하 섬에 놀게나

---

* 점박이물범 : 물범의 한 종류이다. 북태평양 보퍼트해·축치해·베링해협·오호츠크해의 대륙붕을 따라, 그리고 우리나라에도 서식한다. 지구 전체의 개체수는 약 40만 마리로 추정되며, 그 중 20만 마리가 오호츠크 해에 분포하는 것으로 알려져 있다. 은회색 바탕에 타원형 점무늬가 있으며, 몸의 길이는 160~170cm, 체중은 70~130kg에 달한다. 배 부분은 밝은 회색인데, 얼룩무늬는 작다. 1982년 대한민국 천연기념물 제331호로 지정되었고, 야생동식물보호법상의 멸종위기 야생동물 2급으로 지정돼 보호하고 있다. 서해 백령도는 축복받은 물개류가 사는 축복받은 섬이다. 자주 나타난다(위키백과 발췌 수정).

31. 쑥털털이(2020. 3. 25)

애들은 모르리라 별미라 여기겠지
배고픔 달래려고 밀가루 버무린 쑥
춘설(春雪)이 날리는 논둑 경운기가 털털대

---

* 쑥털털이 : 사실 당기는 음식은 아니다. 소금을 약간 뿌려 간을 맞춘 밀가루를 쑥에 겨우 붙을 정도로 버무린 후, 약하게 쪄낸 것이다. 예전 춘궁기에 배고픔을 달랬던 간식이기도 했다. 생김새도 맛도 텁텁하다. 어른들은 향수를 느껴 초봄에 먹으며, 요즘 도시 아이들도 잘 먹는 편이다. 싸락눈이 간간이 날리는 봄날, 햇쑥이 갓 올라온 논둑 위로 경운기가 "털털"거리며 지나가는 모습이다.

32. 도다리쑥국(2020. 3. 25)

봄쑥이 으뜸이면 도다리 버금가요
땅 신선 바다 해녀 상열지사(相悅之事) 즐기니
궁합이 딱 맞는 풍미(風味) 담백해서 좋아라

---

* 봄 도다리, 가을 전어라 했다. 춘분 전후 뜯은 갓 돋아난 햇쑥을 넣어 끓인 도다리 지리탕(맑은 국)은 궁합이 서로 맞아, 맛이 담백하고 몸에 좋은 음식이다. 경남 통영이 유명하다. 가자미를 쓰도 된다.
* 상열지사(相悅之事) : 남녀 간의 육체적 결합을 은유적으로 이르는 말.

33. 서울 창포원(菖蒲園) (2020. 3. 28)

인수봉 선인봉이 품안에 안길 때면
향긋한 창포잎은 코끝을 스쳐가고
솔밭에 떨어진 노을 늙은 학이 물고가

---

* 서울 창포원 : 서울특별시 도봉구 도봉2동 4. 전철 제1, 7호선 도봉산역에 있는 특수식물원이다. 2006년 11월에 조성사업이 시작되어, 2009년 6월 7일에 개장하였다. 창포와 각종 붓꽃(iris)이 가득하다. 약 5만 2417㎡에 붓꽃원, 약용식물원, 습지원, 솔밭 등 12개 테마 공간이 조성되어 있다(한국학중앙연구원 향토문화전자대전 발췌 수정). 삼각산 인수봉, 도봉산 선인봉, 수락산 등을 쉽게 바라볼 수 있다. 필자 집에서 도보로 7분 거리에 있으며, 매일 아침 학(鶴) 요가를 한다. 시민과 친숙한 휴게공원이다.
* 한국 소나무가 뿜어내는 안식향(安息香, 피톤치드 Phytoncide)은 일본 편백나무보다 훨씬 많다.

34. 문무대왕릉(2020. 4. 11)

물길이 절로 열린 연꽃 핀 수중왕릉
파도 친 바위 밑에 어른댄 푸른 안개
구슬 문 용으로 변해 고국 바다 지키네

---

* 경북 경주시 양북면 봉길리 앞바다. 남북국시대 통일신라 제30대 문무왕의 수중릉으로, 사적 제158호이다. 해변에서 200m 떨어진 바다에 있다. 삼국을 통일한 문무왕은 "자신이 죽으면 불교식으로 화장한 뒤, 유골을 동해에 묻으면, 용이 되어 바다로 침입하는 왜구를 막겠다"는 유언을 남겼다. 681년 그가 죽자 유언에 따라, 화장한 유골을 큰 바위에 장사지내고, 그 바위를 '대왕암(大王岩)' 또는, 대왕바위라 불렀다. 둘레가 200m쯤 되는 천연 암초인데, 사방으로 물길을 터놓았다. 물길은 인공을 가한 흔적이 있고, 안쪽 가운데에 길이 3.7m, 높이 1.45m, 너비 2.6m의 큰 돌이 남북으로 길게 놓여 있어, 이 돌 밑에 유골을 묻었을 것으로 추정한다. 682년 감은사(感恩寺)를 지어 불력(佛力)에 의해 왜구를 막으려 했다. 〈삼국유사〉에는 절 금당 아래를 깎아 동해로 구멍을 내어 해룡이 된 문무왕이 드나들 수 있도록 했다고 기록되어 있다. 세계적으로 유례가 없다(다음백과 발췌수정). 밀물 때 모습은 바다에 핀 한 송이 연꽃이다.

35. 지리산 문학관 십주년 시조집 축시(2018. 9. 11)

지난 정 되새김에 소롯이 솟는 샘물
리듬은 신명 나라 발걸음 가벼우니
산울림 반도에 번져 초목들도 즐거워

문사는 글월 짓고 묵객은 붓을 세워
학문에 쏟는 열정 청산도 감응하고
관문 위 우뚝한 기상 참매미가 본받아

십 성상 흘린 땀이 이제는 결실 맺어
주야가 따로 없네 찾는 이 줄을 이어
연도를 거듭할수록 더욱 빛이 나고야

시절이 수상해도 할 일은 남아 있기
조신한 매무새는 보람으로 다져지고
집대성 민족문학은 기념비로 남으리

---

* 4연형시조이다. 원고청탁 시 요청에 의해, 시조 각 장(章) 첫 글자에 '지리산문학관십주년시조집'을 넣다. 경남 함양에 거주하는 시조시인 김윤숭 씨가 2009. 6. 8 지리산 문학관을 개관하였다. 낭송전문지인 《시낭송》 통권 제3호(2020년 상반기)를 2020. 1. 20 발간하면서, 뒷면에 개관 10주년 기념 축시를 같이 수록하다.

36. 심우도(尋牛圖)-선시조(禪時調) (2019. 8. 24)

서시(序詩)

선(禪)이란 참나 찾는 유곡(幽谷)의 구름인데
고난이 따르는 길 구태여 가려는가
맘속에 이미 있는 도(道) 못 읽어도 좋다네

---

* 서시만 월간 《禪으로 가는 길》, 2019년 10월호(통권 제162호), '독자가 선정한 이 달의 시'에 게재. 제83쪽. 발행인 이종철.

1) 심우(尋牛)
-소를 찾음

동자여 망과 고삐 왜 손에 들었는가
너석이 무엇이지 꼭 알려고 한다면
산속을 헤매지 말고 공부부터 하시게

2) 견적(見跡)

-발자국을 봄

열심히 배웠더니 어렴풋 알게 되고
먼저 간 본성(本性)이야 돌아볼 겨를 없어
발자국 눈에 띄니까 짐작이야 하겠지

3) 견우(見牛)

-소를 발견함

멀리서 보일진대 뒤따라 잰걸음이
눈앞에 이르고야 형체를 식별하네
분명히 그 놈 맞으니 놓치지는 않으리

4) 득우(得牛)

-소를 얻음

불잡아 줄을 매니 본 모습 드러나네
아직은 거칠기에 다듬어야 순치(馴致)될 터
삼독(三毒)이 잔뜩 물들어 검은 색만 띤다네

5) 목우(牧牛)

-소를 길들임

세심히 길들이면 성질은 유순할 터
보임(保任)이 게으르면 때 묻은 채 달아나
놓치면 만사휴의(萬事休矣)니 정성스레 다루게

* 선의 수행 중 가장 중요한 단계이다. 보임이란, '깨달은 것을 더욱 갈고 닦음'을 뜻한다.

6) 기우귀가(騎牛歸家)

-소를 타고 집으로 돌아감

하얗게 변했으니 한 시름 놓는구려
아이가 등에 타고 무공적(無孔笛) 불어대며
신나게 집에 가구나 저 피안(彼岸)도 눈앞에

---

* 무공적 : 불어도 소리가 나지 않는 구멍 없는 피리(벽암록 제41칙 조주 이야기). 해탈의 경지(필자 주).

7) 망우존인(忘牛存人)

-소는 잊고 사람만 남음

내 방에 돌아온즉 진리는 간 데 없고
혼자서 우두커니 먼 산만 바라보네
아서라 뗏목 버리자 미련마저 사라져

---

* 소는 종착지인 심원(心源)에 도달하기 위한 방편에 불과하므로, 이른바 禪의 수단인 '뗏목'마저 버려야 한다.

8) 인우구망(人牛俱忘)

-사람과 소를 같이 잊음

이제는 구했으니 또 무얼 바라는가
그 자식 가고 없고 나조차 잊게 되어
완전히 깨우쳤도다 둥근 상(相)만 남았네

---

* 주객(主客, 동자와 소)이 다시 합일하는 단계 즉, 텅 빈 원상(圓相) 만 남게 되어 완전한 깨달음의 경지에 이르게 된다.
* 그 자식 : 축(丑)을 뜻함. 축은 12지(支)의 둘째로, 동물로는 소를 가리키고, 방위는 북북동이며, 시각은 오전 1~3시 사이다.

9) 반본환원(返本還源)

-원래의 상태로 다시 되돌아 감

모든 게 비웠구나 번뇌도 지워지고
시공(時空)은 바쁘지만 뫼와 물 그대로네
바탕이 되돌아오니 한결 바람 시원해

10) 입전수수(入廛垂手)

-속세에 들어가 중생을 제도함

큰 포대 들러 매고 지팡이 집고 돌며
복덕(福德)을 나눠주니 중생도 반기누나
가게는 만인(萬人) 몫이라 맑은 손을 드리워

---

*심우도 : 선의 수행단계를 소와 동자(童子)에 비유하여 도해(圖解)한 그림으로, 10단계로 정해 시우도(十牛圖)라고도 한다. 중국 송나라 때 만들어진 보명(普明)의 시우도(일명, 牧牛圖)와, 곽암(廓庵)의 시우도 두 종류가 우리나라에 전래되었다(한국민족문화대백과사전 인용 수정).

*본 시조는 곽암의 것이다. 1~5까지는 제(題)가 두 자이고, 6~10까지는 넉 자이다. 시조 본문에 '소[牛]'자는 단 한 자도 들어가지 않았다. 수사(修辭)의 중복도 없다. 그저 그림을 눈으로 감상하는 수준으로 비교적 단순하고도 쉽게 묘사한 정격 단시조다.

*무산(霧山) 조오현(趙五鉉, 1932~2018) 스님이 최초로 '무산 심우도' 선시조 10수(각 제목 당 2수 연형시조)를 지었다. 그 역시 '소'를 직접 등장시키지 않고, '나[話者]'를 택했다. 역설, 해학, 풍자로 '선풍(禪風)의 멋'을 한껏 살린 수작이다. 문학적 성취도는 높으나, 전문적인 용어가 많아 일반인은 물론, 시조인조차도 이해하기 대단히 어렵다. 그리고 정격이 아니다. 1979년 시조집, 『심우도』 발간(필자 주).

*《古書硏究》, 제37호(2019년)

*《월더니스》, 제23호(2019년 가을)

清

제 2 장

竹(죽) - 풍치시조 - 속명승보(제8~14번) 7제 152수

2-1. 하회(河回) 16경-속명승보 8(2019. 10. 15)

제 1 경	입암청장(立巖晴漲)	맑은 날 강 가운데 선 형제바위
제 2 경	마암노도(馬岩怒濤)	마암에 부딪치는 성난 물결
제 3 경	화수용월(花峀湧月)	화산에 솟아오르는 달
제 4 경	산봉숙운(蒜峯宿雲)	마늘봉에 서린 구름
제 5 경	송림제설(松林霽雪)	눈 개인 뒤 만송정 솔밭
제 6 경	율원취연(栗園炊煙)	율원에 오르는 밥 짓는 연기
제 7 경	수봉상풍(秀峰霜楓)	첫서리 내린 남산의 단풍
제 8 경	도잔행인(道棧行人)	상봉정 비탈길로 지나가는 나그네
제 9 경	남포홍교(南浦虹橋)	남쪽 나루의 무지개
제10경	원봉령우(遠峯靈雨)	원지봉에 내리는 신령한 비
제11경	반기수조(盤磯垂釣)	물가 반석에 있는 낚시꾼
제12경	적벽호가(赤壁浩歌)	부용대에서 부르는 노래
제13경	강촌어화(江村漁火)	강촌의 고기잡이 불빛
제14경	도두횡주(渡頭橫舟)	나루에 매어져 있는 배
제15경	수림락하(水林落霞)	수리미 고개에 내리는 노을
제16경	평사낙안(平沙落鴈)	모래사장에 내리는 기러기

＊개요 : 하회마을은 경상북도 안동시 풍천면 하회리에 있는 민속마을이다. 토속적 전통과 건축물을 잘 보존한 풍산 류씨(柳氏) 집성촌이다. 1984년 중요민속자료 제122호로 지정되었고, 2010년 경북 양동마을과 함께 유네스코 세계문화유산으로 등재되었다. 나지막한 산으로 둘러싸여 있으며 낙동강이 마을을 휘감아 흐르는 독특한 지형을 갖고 있다. '하회(河回)'라는 이름도 '물이 휘돌아 간다'는 뜻에서 유래되었으며, 풍수지리학적으로 '연화부수형(蓮花浮水形)'의 길지라 전한다. 일명 '화천(花川)'은 강의 상류로 그 둘레에 퇴적된 넓은 모래밭이 펼쳐지고, 서북쪽에는 울창한 노송림이 들어서 경관이 매우 아름답다. 강류의 마을 쪽이 백사장인데 반해, 건너편 부용대(芙蓉臺)는 급준(急峻)한 층암절벽이 연속된 험지다. 마을 안 보물 제306호 양진당(養眞堂) 대청마루에 조선중기의 문신 이복(李馥, 1626~1688)이 지은 '河回十六景' 한시(5언 10구 배율) 현판이 걸려 있다. 그의 본관은 성주(星州), 자는 면여(勉餘), 호는 양계(陽溪)다. 아버지는 개령(開寧)에 세거지를 둔 이상규(李尙規)이고, 장인은 황준경(黃浚瓊)이다. 인물 [출처] 한국학중앙연구원-향토문화전자대전. 이를 바탕으로 필자가 현대적 감각을 살려, 한국 최초로 정격 단시조로 읊는다. 그리고 시조본문에 '하회'라는 용어는 단 하나도 넣지 않았다. 한시 16수를 각 시조 밑에 주석(註釋)으로 달았으니, 선인의 정취와 한 번 비교해 보기 바란다.

서시(序詩)

조선 땅 길지이니 화천(花川)이 감아 돌아
마을은 안온하고 산물도 풍부할 사
산하는 정기 이어져 명문준걸(名門俊傑) 토해네

제1경. 입암청장(立巖晴漲)

강심에 엎드렸나 의젓한 형제바위
홍수가 덮쳐 와도 한 손으로 밀쳐 내고
도끼로 쪼개놓은 듯 배움 길도 뚜렷해

---

* 이복의 한시. 甲寅(顯宗 15年/1674) 元月 下幹 陽溪散人. 이하 같음.

岩岩入江中(암암입강중) 물 가운데 선 두 바위
終古聞江漲(종고문강창) 태고부터 큰물 소리 듣는데
漲立岩不沒(창입암불몰) 큰물에 잠기지 않고 서 있고
漲伏岩無恙(창복암무양) 큰물에도 탈나지 않고 근심도 없네
有如特立人(유여특입인) 마치 큰사람이 버티어 서 있 듯
風波任所伏(풍파임소복) 풍파에도 그 자리 엎드려 있네
隻手回倒瀾(척수회도란) 한 손으로 물결 저어 엎어진 것 도로 세우고
百川聽東障(백천청동장) 학문의 흐름을 첫 길로 가게 하였네
豈斯斧鑿能(기사부착능) 누가 무엇으로 능히 이렇게 만들 수 있을까
偉哉眞可仰(위재진가앙) 참으로 훌륭하도다 우러러 보이네

* 立巖 : 겸암정 앞에 있는 '형제바위'. 漲 : 물이 가득히 차서 흐르는 모습.
* 回倒瀾~東障 : 唐 韓愈(자 退之)의 '進學解'에 "障百川而東之 回狂 瀾於既倒". "여러 갈래로 흐르는 물(老, 佛 등 사상)을 동쪽[儒學]으로 막아 흐르게 하고, 미친 물결에 넘어진 것을 다시 회복케 하였다"에서 인용하여, 東流하는 花川에 비유한 것임.

제2경. 마암노도(馬岩怒濤)

갈모 쓴 장사(壯士)일까 반석 위 뾰족한데
파도가 후리치니 천둥소리 내다가
큰물이 밀려올 때는 난장이로 쪼그려

造物爲此弄(조물위차롱) 조물주가 이것으로 희롱하려는가
土沙還非豪(토사환비호) 토사는 크지 않아 돌아오지 아니 하네
石盤楚堆馬(석반초퇴마) 평퍼짐한 바위는 초나라 퇴마 같고
波激吳江濤(파격오강도) 물결은 성난 오강의 물결일세
聳觀勢奔猛(용관세분맹) 솟는 물은 화난 맹수가 뛰 듯
亂耳聲怒號(란이성노호) 귀가 어지럽게 성난 소리를 내네
白日㤼聞雷(백일겁문뢰) 한낮에도 천둥치듯 무섭게 들리니
長年驚避高(장년경피고) 언제나 놀라 높은 곳으로 피하게 하네
試問水落後(시문수락후) 큰물 지난 뒤 물어 보련다
何似蘇仙皐(하사소선고) 소동파가 노닐던 언덕과 어디가 닮았는가

* 馬岩 : 부용대 앞 '갈모바위'. 楚堆馬 : 不明(楚王 項羽가 탔던 말 '騅'(추 : 푸르고 흰 말)를 가리킨 듯하다. 吳江 : 양자강 하류(여기서는 項羽가 죽은 吳江인 듯).
* 蘇仙皐 : 蘇軾(1036~1101), 호 東坡, 宋代 第一의 詩人이 놀던 언덕, 「赤壁賦」로 유명하며 芙蓉臺를 赤壁으로 보고 인용한 詩句임.

제3경. 화수용월(花峀湧月)

꽃산 위 솟은 만월 옥토끼 깡충 뛰니
시인은 잔 거두고 물끄러미 하늘 보다
호호호 선녀 웃음에 허리춤을 끄르네

舍東有花山(사동유화산) 마을 동쪽에 화산이 있어
山上完立月(산상완입월) 봉우리 위로 둥근 달이 솟네
月光滿江山(월광만강산) 달빛이 온 강에 가득 차니
斗覺淸魂骨(두각청혼골) 문득 내 마음도 맑아지네
幾停謫仙盃(기정적선배) 귀양 온 신선은 거듭 잔을 멈추고
更探堯夫窟(경탐요부굴) 또 다시 요부굴을 찾는 구나
夜喜天心到(야희천심도) 한밤중 하늘 가운데로 이르면 즐겁고
曉惜雲間沒(효석운간몰) 새벽엔 구름에 잠기면 섭섭하다네
如此使作主(여차사작주) 이 같이 주인으로 모시며
百年長對越(백년장대월) 일생동안 마주보며 살겠네

*花峀 : 화산. 斗覺 : 문득 생각남. 謫仙 : 하늘에서 지상으로 귀양 온 신선 즉, 시인. 堯夫窟 : 착한 사람이 사는 곳. 天心 : 임금의 마음, 하늘의 가운데.

제4경. 산봉숙운(蒜峯宿雲)

구름은 줏대없이 야산만 넘나들다
마늘봉 꼬드기니 못 이긴 척 달려와
벗님이 반쪽만 떼어 내 손안에 쥐어줘

油然雲出峀(유연운출수) 산에서 뭉개 뭉개 구름이 나오면
嵬乎山入雲(외호산입운) 뾰족한 봉우리는 구름 속으로 들어가네
無心自朝暮(무심자조모) 아침부터 해지도록 마음을 비우고,
旦可消塵氛(단가소진분) 밤새워 쌓인 풍진 쓸어 없애네
山能不負吾(산능불부오) 산은 나를 맡아주지 않는데
雲誰特贈君(운수특증군) 구름은 뉘라서 특별히 자네에게 보냈나
山外有喧爭(산외유훤쟁) 산 밖에 시끄러운 다툼 있어도
雲間無見聞(운간무견문) 구름 속이라 보이지도 들리지도 않네
早曉君其許(조효군기허) 이른 새벽마다 자네가 허락해
一半吾願分(일반오원분) 원컨대 절반만 나에게 나누어 주게나

* 蒜峯 : 마늘봉, 달리 만은봉(晩隱峯)이라고도 부른다. 油然 : 구름이 뭉개 뭉개 피어오르는 모양. 嵬乎山 : 다른 산보다 더 뾰쪽한 산.

제5경. 송림제설(松林霽雪)

질푸른 소나무 숲 강가를 치장하지
첫눈이 내린 뒤라 옥띠를 뽐내지만
개인 후 노선(老仙)을 보니 흰 수염만 남았네

定鼎萬松樹(정정만송수) 솥을 세운 듯 수많은 소나무
遠村臨江別(원촌임강별) 멀리 마을 바깥 강변에 서있네
何處見奇姿(하처견기자) 어디서 보아도 신기한 모습
歲寒初霽雪(세한초제설) 찬 겨울 첫눈이 개인 뒤라네
群林百卉眺(군림백훼조) 숲속 나무와 풀들을 바라보니
索莫生意絶(삭막생의절) 삭막하여 생기가 끊겼네
蒼髥帶玉立(창염대옥입) 검푸른 수염에 옥띠 둘러 서있고
白鬚咽毛節(백수열모절) 온 몸은 하얗게 단장하고 서 있구나
恐與三春木(공여삼춘목) 아마도 봄철 나무 때문이겠지
一倒看無別(일도간무별) 석양볕에 한 번 보아 분별할 수 없네

* 松林 : 만송정 소나무 숲. 亭亭 : 높이 솟은 무양. 白鬚咽毛節 : 수염, 목, 몸, 관절이 하얗게 보이는 모습. 恐與 : 아마도~겠지. 三春 : 봄철 석 달(맹춘, 중춘, 계춘) 倒看 : 거꾸로 보다, 서쪽에서 동쪽으로 들어오는 햇빛으로 비취다. 즉, 석양.

제6경. 율원취연(栗園炊煙)

밤나무 골짜기에 초가집 몇 채 있어
봄에는 이내 끼고 가을 되면 송이 열려
밥 짓는 저녁연기가 낙조(落照) 마냥 붉어져

遠郭園有栗(원곽원유율) 저 멀리 언덕의 밤나무 숲
江村正炊烟(강촌정취연) 강촌에 밥 짓는 연기 오르네
朝因洞霧凝(조인동무응) 아침이면 골짜기에 안개가 모여들고
莫逐峯嵐連(모축봉람련) 저녁에는 봉우리 따라 이내가 이어가네
依微春雨中(의미춘우중) 봄비 내리면 아련히 보이고
掩映秋霞邊(엄영추하변) 가을철 저녁엔 노을로 가려지네
佳名賁晋里(가명분진리) 이름도 아름다운 분 마을과 진 마을
美實供周筵(미실공주연) 잘 익은 열매로 때 맞춰 잔치에 올리네
老去脚自弱(노거각자약) 늙어가니 다리는 절로 약해져
煩君數升傳(번군수승전) 자네들 수고로 몇 되 전하네

* 율원 : 마을 북쪽에 있는 밤나무 골짜기. 莫(모) : 暮(저녁 무렵)와 같음. 희미하게 보임. 賁(분) : 64卦의 하나(離下艮上의 象, 剛과 柔가 왕래 교착하며 무늬를 이르는 象), 晋(진) : 64卦의 하나(坤下離象의 象, 즉 지상에 광명이 나타나는 象). 둘 다 지명 이름. 煩君 : 자네를 번거롭게 하다.

제7경. 수봉상풍(秀峰霜楓)

남산 끝 낭떠러지 푸름이 가득한데
찬 서리 수풀 덮어 단풍잎 드러나자
담쟁이 슥 기어올라 내 허벅지 감느니

江外聳一峯(강외용일봉) 강 건너 솟은 봉우리엔
巓厓合生楓(전애합생풍) 산에도 벼랑에도 단풍나무 어울렸네
薜荔索洛之(벽려삭락지) 담쟁이와 여주도 엉겨 붙어 있어
壁滿青蒙蒙(벽만청몽몽) 벼랑 가득 푸름 일색이네
淸霜一夜飛(청상일야비) 하룻밤 찬 서리 내리니
爛漫堆新紅(란만퇴신홍) 불타 듯 새로이 붉은 빛 들어 보이네
足以當春花(족이당춘화) 넉넉함이 봄날 꽃인 양
錦帳開空中(금장개공중) 하늘에 펼쳐진 비단 휘장 같다네
隨時助佳景(수시조가경) 철따라 아름다운 경치 펼쳐지니
亦見造化工(역견조화공) 이 역시 천지의 조화가 나타남 일세

* 秀峰 : 남산. 薜荔(벽려) : 담쟁이와 여주. 索洛(삭락) : 새끼처럼 엉켜 붙은 모양 (洛은 絡). 蒙蒙(몽몽) : 빈틈없이 덮여진 모습.

제8경. 도잔행인(道棧行人)

벼랑에 걸린 잔도(棧道) 선녀가 지나가면
심수(深水)엔 고기 뛰고 어부는 분주한데
땔감 진 늙은 나무꾼 임 제치고 쉰다네

道棧懸郭外(도잔현곽외) 저 건너 벼랑에 걸린 잔도에
歷歷數行人(력력수행인) 두어 사람 지나가는 것 보이네
不知遠近向(부지원근향) 가는 곳 어디인지 알 수 없으나
但見往來頻(단견왕래빈) 왕래하는 사람 꾸준히 보이네
細雨或披蓑(세우혹피사) 가랑비 오면 도롱이 걸친 사람
斜陽時負薪(사양시부신) 석양엔 땔감 진 사람도 가네
路危無息肩(로위무식견) 가파른 길 숨 몰아쉬지 마소
江幽稀間津(강유희간진) 가물가물 벼랑길 쉴 만한 곳도 별로 없네
靜坐較閑忙(정좌교한망) 조용히 앉아 바쁘고 한가함 견주어 보니
無營則安身(무영칙안신) 할 일없는 사람 몸 편안한 줄 알겠네

* 道棧/棧道 : 벼랑에 가설된 비계 길. 歷歷 : 분명히 보이다. 江幽 : 강이 아래로 가물가물 보인다. 間津 : 나루와 나루 사이.

제9경. 남포홍교(南浦虹橋)

나루와 앞강 사이 일곱 색 섶다리가
길손은 잘 건너도 사공은 불안한가
무지개 살살 디디면 추락할 일 없나니

南浦隔前江(남포격전강) 남쪽 나루와 건너 앞 강 사이
臥波有長橋(와파유장교) 강물에 길게 누워있는 다리가 하나
每歲十月成(매세시월성) 해마다 시월이면 생기는데
晴虹不曾消(청홍불증소) 날 맑아도 무지개 그대로 서있네
行人未病涉(행인미병섭) 나그네는 걱정 없이 건너는데
舟子還停招(주자환정초) 뱃사공은 불러 세우며 오라 하네
截流勢甚壯(절유세심장) 흐르는 힘센 강물 막고 서 있으니
濟物功亦要(제물공역요) 물 건너는 데에도 힘이 들겠구나
我有題柱志(아유제주지) 나는 글 지을 마음을 품고
散步聊消遙(산보요소요) 먼 길을 즐기며 오고 가네

* 虹橋 : 소나무를 베어 가설한 다리로써 시간이 흐르면 붉고 푸르고 갈색이 섞여서 무지개 같은 모습이다. 題柱 : 글.

제10경. 원봉령우(遠峯靈雨)

조용히 단비 맞은 원지산 새 풀들아
하늘은 풍진 씻어 성쇠(盛衰) 흔적 없애니
의원도 신명 날거다 민초 고통 덜으려

小草有遠志(소초유원지) 원지산에 있는 작은 풀
峯上生無數(봉상생무수) 봉우리 위로 무수히 자라는데
邦人爲取新(방인위취신) 사람들은 새 것만 뜯고
焚之除宿莽(분지제숙망) 묵은 풀은 불로 태우네
天心急洗痕(천심급세흔) 하늘은 곧 흔적을 씻어 버리려
知時零以雨(지시령이우) 때 따라 조용히 비를 내리네
蔥蒨漸看長(총천점간장) 푸른 잎이 우거져 자라는 모습 보며
悠然當我戶(유연당아호) 유유히 나는 집에 돌아오네
願爲良醫採(원위양의채) 바라건대 진실한 의원이 뜯어가서
使斯民病愈(사사민병유) 백성의 병을 고쳐주면 좋으련만

* 遠志 : 원지과의 다년생초, 뿌리는 강장제로 쓰임. 宿莽(숙망) : 묵은 풀.
* 여기서 의원은 병을 고쳐주는 의사만을 뜻하지 않는다. 민초들의 고통을 덜어 주는 모든 정치인, 사회 지도층, 공직자 등을 포함한다(역자 주).

제11경. 반기수조(盤磯垂釣)

수변(水邊)에 너럭바위 낚시터 좋을시고
빈 줄을 드리우고 피리만 불어대다
시흥(詩興)에 잔뜩 취한 채 석양빛만 낚느니

立岩下磯盤(입암하기반) 형제바위 아래 물가의 바탕바위
盤處宜垂釣(반처의수조) 평퍼짐한 곳 앉아 낚시하기 좋을시고
不問餌有無(불문이유무) 미끼야 있든 없든 간에
倚竿時一嘯(의간시일소) 낚시대 드리우고 휘파람 분다
水淸知魚樂(수청지어락) 물 맑아 고기 노는 것을 알 수 있고
絲輕任風棹(사경임풍도) 낚싯줄도 가벼이 바람 따라 흔들거리네
行吟自忘機(행음자망기) 시 읊조리면 낚시하는 일도 잊어버리고
沙汀明返照(사정명반조) 어느덧 모래 위에 석양이 비추네
此中興如何(차중흥여하) 이런 때 일어나는 취흥을 무어라 할까
回頭莞而笑(회두완이소) 고개 돌리며 빙그레 웃음을 짓네

* 盤磯 : 형제바위 곁의 바탕바위. 倚竿(의간) : 낚싯대를 드리우고 그냥 두다.

제12경. 적벽호가(赤壁浩歌)

강 건너 부용대(芙蓉臺)서 한 가락 부른 노래
동파는 바람 타고 적벽부(赤壁賦)로 화답하니
만물은 무상(無常)하다오 주연(酒宴) 마련 어떻소

赤壁陟江上(적벽척강상) 강 건너 솟아있는 적벽 위에서
臨風撥浩歌(림풍발호가) 바람 타고 큰 소리로 노래 부르네
歌聲滿天地(가성만천지) 노래 소리 천지를 가득 채우니
萬物於吾何(만물어오하) 만물이야 어찌되든 무슨 상관있으랴
一歌聲正長(일가성정장) 한 가락 노래 소리 길게 퍼지고
再歌心更多(재가심경다) 다시 한 번 부를 마음 거듭 일어나네
歌罷夢依然(가파몽의연) 노래는 끝나도 흥은 남아 있어서
羽衣飛相過(우의비상과) 신선의 옷자락이 스치고 지나간듯하네
何如壬戌秋(하여임술추) 동파가 보았던 적벽은 어떠했을까
北岸今東坡(북안금동파) 부용대가 바로 그 언덕 일세

* 赤壁 : 부용대. 壬戌秋 : 蘇東坡(參照 2 馬嚴怒濤의 註)의 「赤壁賦」 즉, '壬戌之秋 七月旣望 蘇子與客泛舟遊於赤壁之下'를 생각하며 읊은 것임. 東坡는 宋의 元豊 5年(1082) 陰 7월 16일 밝은 달을 보며 三國의 영웅 魏王 曹操와 吳王 孫權을 생각하고, 자신의 流人 신세를 비교하여 탄식하였다. 결국은 인생은 無常하다는 깨달음을 읊은 것이다. 蛇足이나, 그가 본 赤壁은 百萬 魏軍을 擊破한 古戰場은 아니었다.

제13경. 강촌어화(江村漁火)

강촌에 깃든 어둠 점점이 찍힌 불빛
뭇별이 내려와서 수면 위를 비추자
혹여나 고기 놀랄까 연기 맞춰 배 돌려

瞑色迷江村(명색미강촌) 강촌에 어둠이 깃드니
點點見漁火(점점견어화) 점점이 나타나는 고기잡이 불빛
明垂閃衆星(명수섬중성) 뭇별이 내려와 반짝이며 불 밝히는데
降照然群朶(강조연군타) 붉은 빛 무리지어 빛나는 구나
散燄或驚魚(산염혹경어) 날라 흩어지는 불꽃에 혹여 고기 놀랄까
飛烟時繞柁(비연시요타) 연기 날리면 때 맞추어 방향 돌리네
取適政如此(취적정여차) 이 같이 바르게 잡고 나아가면
寓興無不可(우흥무불가) 흥에 빗대어 못할 일이 없겠지
靜觀到夜深(정관도야심) 조용히 바라보고 밤이 깊어지면
濠上誰知我(호상수지아) 물 위의 누가 나를 알아볼 것인가

* 江村 : 하회마을. 降照(강조) : 진홍빛으로 비취다. 群朶(군타) : 무리지어 늘어서다.

제14경. 도두횡주(渡頭橫舟)

외딴 곳 사람 적어 산천은 청량하나
온종일 나루터엔 빈 배만 비껴 앉고
배고픈 모래톱 위로 갈매기만 모이네

境僻人事少(경벽인사소) 외진 곳에 사람 적으니
江山更淸幽(강산경청유) 강산이 더욱 맑고 그윽하구나
無人來渡水(무인래도수) 찾아와 물 건너는 이 없는데
盡日橫派舟(진일횡파주) 온종일 물가에 배만 외로이 누워 있네
空將濟川具(공장제천구) 빈 배는 건널 손 위해 갖추어져 있고
載沈還載浮(재심환재부) 태우면 잠길 듯 하곤 다시 떠오르네
風過臥檣鳥(풍과와장조) 바람 지나가면 돛에 새가 누워 쉬고
雨餘集沙鷗(우여집사구) 비 온 뒤 모래톱엔 갈매기 모여 드네
卬須我友涉(앙수아우섭) 나는 내 벗이 건너기를 기다리고
舟子莫浪愁(주자모랑수) 뱃사공은 저녁 풍랑을 걱정하네

* 沙鷗 : 모래톱에 있는 갈매기. 卬須(앙수) : 내가~하기를 바라다.

제15경. 수림락하(水林落霞)

산색(山色)은 여전하오 억새 핀 수림 고개
물가에 어리어라 새로 단 정자 편액
경개(景槪)도 주인 있으니 맑은 노을 날아와

水林山色古(수림산색고) 수림이 고개 산색은 예 그대로이고
今人幽想遐(금인유상하) 지금 사람은 아득히 옛 일을 생각하네
謙菴有遺躅(겸암유유촉) 겸암이 남긴 자취 밟아보니
骨構傳克家(골구전극가) 부친이 물린 일 잘도 이어 엮어가네
起亭五步內(기정오보내) 정자에서 나서서 다섯 발자국 이내에
新扁照水涯(신편조수애) 새로이 단 편액이 물가를 비추네
江山連有主(강산련유주) 강산은 이어져 주인이 있어
勝事堪成誇(승사감성과) 빼어난 경치를 자랑스럽게 일구었구나
何處更奇絶(하처경기절) 어느 곳이 더 아름다울 것인가
落日飛晴霞(락일비청하) 해지면 맑은 노을이 날아드네

* 겸암 : 류운룡(柳雲龍)의 호. 류성룡(柳成龍)의 형으로 종가이다.

제16경. 평사낙안(平沙落鴈)

기러기 누구 따라 여기에 왔다던고
금모래 의심나면 줄지어 날아가세
먹이만 조심한다면 그물 걱정 말게나

秋江浩空明(추강호공명) 가을 강은 넓고 하늘은 높고 밝은데
何來遵渚鴈(하래준저안) 무엇 따라 기러기는 이곳에 왔을까
陣疑沙壅水(진의사옹수) 무리는 모래톱 막힌 물을 의심하고
行如肉貫串(행여육관관) 한 줄에 꿰어진 듯 줄지어 날아가네
衡陽聲不斷(형양성불단) 형양땅 그리는 목소리 끊이지 않는데
瀟湘眼還慣(소상안환관) 소상강 찾는 길 잊지 않고 예대로 돌아가네
已飽江山興(기포강산흥) 강과 산의 흥을 넘치게 보았으니
豈謨稻粱豢(기모도량환) 내 어찌 나락과 수수로 모이를 줄까 보냐
如能戒口腹(여능계구복) 입과 배를 조심할 수만 있다면
網羅非汝患(망라비여환) 그물은 너의 걱정거리가 아니겠지

* 형양 : 중국 호남성에 중남부에 있는 공업 및 수륙도시, 기러기가 추우면 여기서 지내고, 따뜻해지면 다시 북쪽 안문(雁門)으로 되돌아간다. 소상 : 중국 호남성 동정호(洞庭湖)로 합류해 들어가는 소수(瀟水)와 상강(湘江)을 일컫는 말. 경관이 빼어나다. 환(豢) : 기르다.
* 평사낙안 : 많이 쓰이는 관용구로 강변의 가을 운치를 대표한다. 내려앉는 기러기는 갈대와 잘 어울린다. 수묵화의 화제(畵題)나 詩語로 자주 인용한다. 여기서는 '하회'의 넓은 모래사장을 말한다. 위 한시 전체에서 가장 뛰어난 작품으로 꼽고 싶다(필자 주).
* 《古書硏究》, 제37호(2019년)

2-2. 곡운구곡(谷雲九曲)-속명승보 9(2019. 12. 1)

제1곡 방화계(榜花溪)	제6곡 와룡담(臥龍潭)
제2곡 청옥협(靑玉峽)	제7곡 명월계(明月溪)
제3곡 신녀협(神女峽)	제8곡 융의연(隆義淵)
제4곡 백운담(白雲潭)	제9곡 첩석대(疊石臺)
제5곡 명옥뢰(鳴玉瀨)	

---

* 개요 : 강원도 화천군 사내면 용담리에 있다. 북한강의 지류인 지촌천의 일부구간에 해당된다. 이곳은 단단한 화강암으로 이루어진 강바닥을 따라 다채로운 하천지형이 발달하고 있으며, 선캠브리아기 변성암의 습곡 및 단층구조를 관찰할 수 있는 중요한 지질명소이다. 조선시대의 노론계 성리학자인 김수증(金壽增, 1624~1701)의 호 '곡운(谷雲)'을 딴 것으로, 그가 1670년부터 화천군 사내면 영당동에 거주하면서 농수정사(籠水精舍)를 짓고, 이름난 물굽이 9곳에 각각 이름을 붙였다(출처 : 강원평화지역 국가지질공원). 또한 1682년 평양 출신 화가 조세걸(曺世傑, 1636~1705)을 시켜 실경산수화로 그리게 했다(가로 54cm, 세로 37.5cm. 비단에 채색. 국립중앙박물관 소장). 한편 아들, 조카로 하여금, 각 굽이마다 한시(漢詩) 한 수씩 짓게 해 화첩을 만들기도 했다. 이 시조는 가장 최근(2019. 8. 20) 그곳을 답사한 (사)한국산서회 우명길(禹命吉, 국문학박사) 회원의 자료를 바탕으로, 옛 한시를 참고해 지었다. 당시 선현(先賢)이 느꼈던 정취(情趣)를 최대한 존중했다. 주석(註釋)에 칠언절구를 먼저 넣다.
* 여적(餘滴) : 선생 졸(卒) 후, 318년 만에 후학(後學)이 최초로 '한글 시조'를 지어 바치니 감개무량하다.

서시(序詩)

지촌은 계류 맑고 수풀도 한결 짙어
절경에 취한 화가 붓놀림 멋질세라
빼어난 아홉 구비를 내 가슴에 품느니

---

* 한시-서시(序詩) 곡운 지음

絶境端宜養性靈(절경단의양성령) 절경이라 성령 수양 알맞는데
暮年心跡喜雙淸(모년심적희쌍청) 만년의 심적은 맑은 풍월 즐길 뿐이네
白雲東畔華山北(백운동반화산북) 백운산 동쪽 화산 북쪽이라
曲曲溪流滿耳聲(곡곡계류만이성) 굽이굽이 시냇소리 귀에 가득 들려오네

* 임신년 봄, 곡운 지음. 출처 정약용의 시선집 산행일기(汕行日記). 독음은 필자가 부기함.

제1곡. 방화계(榜花溪)

잔돌이 구른 옥수(玉水) 얼굴로 튀어 올라
떨어진 복사꽃을 청류가 훔쳐가니
찾는 이 어리둥절해 개 덩달아 짖는구나

---

* 곡운 지음

一曲難容入洞船(일곡난용입동선) 일곡이라, 좁은 동천 배도 용납하기 어려운데
桃花開落隔雲川(도화개락격운천) 복사꽃 피고 지는 운천이 막혀 있네
林深路絶來人少(림심로절래인소) 숲 깊고 길 끊겨 찾아오는 이 드문데
何處仙家有吠煙(하처선가유폐연) 어느 곳 선가에 개 짖고 연기 이나

* 제1곡 방화계는 56번국도 지촌천변에 이를 노래한 '곡운구곡가' 표석이 있다. 구곡의 시작점이라 수량이 많고, 유속도 빠르다.

제2곡. 청옥협(靑玉峽)

우뚝한 산봉우리 파란 옥 세워 논 듯
안개는 정처없이 단풍 위 내려앉고
홍진(紅塵)을 겹겹이 막아 돌사다리 신나네

---

* 아들 김창국(金昌國) 지음

二曲峻嶒玉作峯(이곡준증옥작봉) 이곡이라, 우뚝한 산 옥봉을 이뤘는데
白雲黃葉映秋容(백운황엽영추용) 흰 구름 누른 잎 가을 경치 이루었네
行行石棧仙居近(행행석잔선거근) 돌다리 가노라니 신선집이 가까워라
已覺塵喧隔萬重(이교진훤격만중) 알랴 소란한 진세 천만중 막혔음을

* 표석 아래 소(沼)는 진초록 색깔을 띠어 물이 깊게 느껴진다. 춘천 쪽으로 보이는 삼각봉이 진짜 '옥봉'인 지는 확인하지 못했지만, 우뚝 서있는 모습이 참 보기 좋다.

제3곡. 신녀협(神女峽)

선녀는 잠이 들고 냇물은 퉁소 불어
노송에 걸린 달이 물고기 비춘 찰나
흰 바위 펄펄 날다가 내 흑심(黑心)을 쓸어가

---

* 조카 김창집(金昌集) 지음

三曲仙蹤杳夜船(삼곡선종묘야선) 삼곡이라, 신선 자취는 밤배가 아득한데
空臺松月自千年(공대송월자천년) 빈 누대에 송월만이 스스로 천년일세
超然會得淸寒趣(초연회득청한취) 청한한 정취 초연히 깨쳤나니
素石飛湍絶可憐(소석비단절가련) 흰 돌이 나는 여울 너무도 아름답네

* 청옥협에서 상류 쪽으로 얼마 걷지 않아, 해발 885m '샛등봉'을 오르는 들머리 도로변의 물안교를 지난 후 있다. 옛 이름이 기정(妓亭)임을 일깨우고자 세운 육모정은 수수하지만, 그 아래 '구곡 출렁다리'는 양끝 위에 빨강색 토마토 조형물을 얹어 놓아 눈에 확 띈다.

제4곡. 백운담(白雲潭)

개울가 푸른 바위 풀벌레 합창 소리
새침한 솔 그림자 자갈밭 배회하자
흰 구름 물장구 치고 쪽빛 못은 시김새

＊조카 김창협(金昌協) 지음

四曲川觀倚翠巖(사곡천관의취암) 사곡이라. 푸른 바위 의지해 내를 내려볼제
近人松影落毶毶(근인소영락모모) 가까이 솔 그림자 삼삼히 떨어지네
奔潨濺沫無時歇(분중천말무시헐) 분류하는 물거품 그칠 때가 없어
雲氣尋常漲一潭(운기심상장일담) 언제나 구름기운 못 위에 넘실대네

＊341번 도로를 따라 서진하다가, 왼쪽 지촌천으로 내려가는 길을 따라 천변으로 들어선다. '물놀이 금지구역'을 알리는 경고판이 있고, 하천 폭은 매우 좁다. '백운담'이 어느 곳인지 단정짓기 어려우나, 군부대 정문 앞 커브 길 아래 '반석이 잠긴 못'이 아닐까 한다.

제5곡. 명옥뢰(鳴玉瀨)

깊은 밤 급류 소리 큰 뫼에 메아리쳐
둥근 달 비친 솔밭 외로운 저 거문고
찬 구슬 하 쟁쟁하여 명치끝을 울리네

---

* 조카 김창흡(金昌翕) 지음

五曲溪聲宜夜深(오곡계성의야심) 오곡이라, 시냇소리 깊은 밤에 더 좋아
鏘然玉佩響遙林(장연옥패향요림) 패옥처럼 쟁쟁하여 먼 숲을 울리네
松門步出霜厓靜(송문보출상애정) 송문을 벗어나니 서리 언덕 고요한데
圓月孤琴世外心(원월고금세외심) 둥근달 외로운 거문고 세상 밖의 심경일세

* 뢰(瀨) : 여울, 급류. 물소리는 저 멀리 구곡의 발원지 경기 제일고봉인 화악산(華岳山)까지 울린다.
* 제4곡 백운담에서 10분 거리로 가깝다. 군부대 정문을 지나자, 계곡 건너 남쪽으로 정상이 구름에 가린 웅장한 화악산이 아주 가깝게 보인다. 가을에 찾아온다면 깊은 밤 시냇물 소리를 듣고, 둥근 달 아래 외로운 거문고를 켜면서, '세상 밖 심경'이 되어 보기가 쉬울 게다.

제6곡. 와룡담(臥龍潭)

초록색 투명한 못 모래톱 어른거려
세상일 나 몰라라 물굽이 베게 삼던
잠룡(潛龍)이 벌떡 일어나 망나니춤 추느니

---

* 아들 김창직(金昌直) 지음

六曲幽居枕綠灣(륙곡유거침연만) 육곡이라, 그윽한 집 푸른 물굽이 베개 삼아
深潭千尺映松關(심담천척영송관) 일천 자 깊은 못 그림자 솔문을 비치네
潛龍不管風雲事(잠룡부관풍운사) 잠긴 용 풍운의 일 관여하지 않고
長臥波心自在閒(장와파심자재한) 깊은 물속에 오래 누워 스스로 한가롭네

* 운룡풍호(雲龍風虎) : 용은 구름을 좇고, 범은 바람을 따른다는 뜻으로, 의기와 기질이 서로 맞거나, 군주가 현명한 신하 얻음을 비유적으로 이르는 말이다.
* 제6곡 와룡담은 제5곡 명옥뢰에서 4~5분 거리에 인접해 있다. 바닥이 얕아 물 색깔이 연초록색을 띈다. 바로 위 못은 물속의 모래밭(?)이 훤히 들여다 보인다. 앞서 본 못보다 더 깊고 넓은 곳을 지그시 바라보노라니, 마치 시끄러운 세상일은 아랑곳없이 물속에 누워 한가롭게 지내는 용의 기분이리라…

제7곡. 명월계(明月溪)

개천이 평평하니 녹수(綠水)도 얕을시고
잔잔히 이는 파문(波紋) 달빛을 흩트려도
드리운 장송(長松) 그림자 차가워라 옥토끼

---

* 조카 김창업(金昌業) 지음.

七曲平潭連淺灘(칠곡평담연천탄) 칠곡이라, 평평한 못 얕은 여울 연했는데
淸漣堪向月中看(청련심향월중간) 맑게 이는 잔물결 달을 향해 볼만하네
山空夜靜無人度(산공야정무인도) 산도 비어 고요한 밤 지나는 사람 없고
唯有長松倒影寒(유유장송도영한) 소나무 그림자만이 물속에 들어 차갑네

* 곡운영당에서 차도로 복귀해 조금 더 걸어가니, 영당교 바로 옆에 표석이 세워져 있다. 어디서나 흔히 볼 수 있는 개천이어서, 곡운이 이곳을 제7곡으로 선정한 까닭이 궁금했는데, "저 맑은 물결은 달밤에 더욱 좋다"라는 글을 읽고 나서야 의문이 풀렸다. 337년 전의 모습과 지금은 의당 다를 수밖에…

제8곡. 융의연(隆義淵)

넓게도 자리 잡아 그득히 괴인 큰 못
이따금 보라 구름 멱 감다 사라지고
유유한 피라미 떼를 턱 괸 채로 바라봐

---

* 조카 김창즙(金昌緝) 지음

八谷淸淵漠漠開(팔곡청연막막개) 팔곡이라, 맑은 못 넓게도 열렸건만
時將雲影獨沿洄(시장운영독연회) 이따금 구름 그림자 홀로 오르내리네
眞源咫尺澄明別(진원지척징명별) 참 근원 지척이라 맑고 밝음 유별나니
座見儵魚自往來(좌견조어자왕래) 오가는 피라미떼 앉아서도 보이누나

* 제1곡~7곡까지는 모두 지촌천 북쪽 도로변에 표석이 세워져 있지만, 제8곡과 9곡은 표석이 남쪽 천변에 있기에, 영당교 건너 오른쪽으로 이어지는 도로를 따라 북진한다. 탱크가 길 양 옆으로 포진한 삼거리를 지나, 융의연과 첩석대의 표석이 있는 '러브 팜' 안으로 들어간다. 어린이 물 놀이터와 팬션(?)이 들어선 이곳은 휴양지로, 가족이 함께 와 한여름을 보내도 될 만큼 공간이 넓다.

제9곡. 첩석대(疊石臺)

건너 편 층층바위 물새 똥 흔적 고와
솔바람 불어오니 여울 끝 더욱 명징(明澄)
저녁 놀 물에 잠기자 울림소리 가득해

---

* 외손 홍유인(洪有人) 지음

九曲層巖更嶄然(구곡층암경참연) 구곡이라, 암벽이 층층한데
臺成重壁映淸川(대성중벽영청천) 겹벽이 대를 이뤄 맑은 내에 비치네
飛湍暮與松風急(비단모여송풍급) 흐르는 여울물 끝은 솔바람과 급하니
靈籟嘈嘈滿洞天(령뢰조조만동천) 그 울림소리 동천에 가득 요란하네

* 마지막 제9곡 첩석대는 융의연에서 1~2분밖에 걸리지 않는 지근거리에 있다. '러브 팜'에서, "이곳은 급류가 발생하여 위험하오니 들어가지 말라"는 경고판을 세운 표석 아래, 천변 건너편 중벽(重壁)이 대(臺)를 이룬 회백색의 널따란 바위다.
* 윌더니스, 제24호(2020년 봄호), 한시 3수.

2-3. 평양팔경-속명승보 10(2020. 3. 11)

제1경 밀대상춘(密臺賞春)	을밀대에서의 봄 즐김
제2경 부벽완월(浮碧玩月)	부벽루에서의 달구경
제3경 영명심승(永明尋僧)	영명사를 찾아드는 중들의 모습
제4경 보통송객(普通送客)	보통 강에서 나그네를 보내는 광경
제5경 거문범주(車門汎舟)	거문(거피문, 평양 외성의 남문) 앞 대동강의 뱃놀이 광경
제6경 연당청우(蓮堂聽雨)	애련당에서 듣는 빗소리
제7경 용산만취(龍山晩翠)	용악산의 늦가을 푸른 모습
제8경 마탄춘창(馬灘春漲)	마탄(대동강 북쪽여울)의 물이 봄에 넘치는 모습

* 조선민주주의인민공화국(북한) 수도인 고도(古都) 평양에 있는 여덟 군데 옛 경승지를 말한다. 평양의 옛 이름인 까닭에, 일명 '기성팔경(箕城八景)'이라 한다. 모두 가보지 못한 곳이라 탁상에서 읊는다. 세월이 지나 현장은 변했다 치더라도, 옛 정취는 살아 있으리라 추측한다. '관서팔경'과 함께 생전에 꼭 가고 싶은 명소이다. 기본 자료와 순서는 위키백과를 원용(援用)했지만, 최신 것이 빈약해, 네이버블로그 '투어노트' 사진을 참고했다. 2005년도 방문 때 찍은 사진을 2018. 4. 25 기록과 함께 올렸다고 밝힌다.

서시

고도(古都)는 전통 깊어 승경도 많을 진저
세월은 쉴 새없어 유적은 낡아져도
남북이 하나가 되면 옛 영화(榮華)를 찾으리

제1경. 밀대상춘(密臺賞春)

언덕에 두견화요 강 위는 물총새가
색동옷 입은 꼬마 봄맞이 하는 사이
이내[嵐]에 취한 묵객은 선녀 고름 당기네

* 을밀대(乙密臺) : 평양직할시 중구역 금수산 을밀봉 밑에 있는 6세기 중엽 고구려 평양성 내성의 북쪽장대로 세워진 정자이다. 이름의 유래를 보면, 먼 옛날 '을밀선녀'가 기막힌 이곳의 경치에 반해 하늘에서 내려와 놀았다는 설화와 을지문덕 장군의 아들 을밀 장군이 이곳을 지켜 싸웠다는 이야기가 전해진다. 지금의 건물은 1714년에 축대를 보수하면서 고쳐 지은 것이다. 1930년대의 강주룡이 고공농성을 한 곳으로 유명하며, 최근 1960년에 개수를 한 바 있다. 높이 11m의 축대 위에 세워졌는데, 정면 3칸(7.46m), 측면 2칸(5.29m)의 단층 합각지붕으로 되어 있다. 봄놀이가 유명하다.
* 졸저 명승보 제1번 대한8경 중 제8경 '평양 대동강의 을밀대'(12면), 시조 참조.

제2경. 부벽완월(浮碧玩月)

녹음은 비단 펼쳐 능라도(綾羅島) 출렁대고
두 연인 포옹할 제 실족한 봉황 누각
강물에 빠진 보름달 어옹(漁翁)만이 건질까

---

* 부벽루(浮碧樓) : 평양직할시 중구역 금수산 모란봉 동쪽 깎아지른 청류벽 위에 서있는 정자이다. 본래 393년에 창건한 영명사(永明寺)의 부속건물로서 그때는 이름도 영명루라고 불렀는데, 그 후 12세기에 이르러 '대동강의 맑고 푸른 물 위에 떠 있는 정자'라는 뜻에서 부벽루라고 고쳐 부르게 되었다. 밑을 흐르는 맑고 푸른 대동강물과, 녹음이 비단결처럼 출렁이는 능라도가 신비하리만치 아름답다. 동쪽에서 떠오르는 달마중도 좋지만, 강물에 잠긴 달을 구경하는 게 일품이다.
* 졸작 누정 시조 '부벽루'(2020. 3. 9) 참조.

제3경. 영명심승(永明尋僧)

솔바람 산사에는 적막이 흐르는데
보시한 객승(客僧)이사 해거름에 찾아오니
햇차 향 감도는 선방 청개구리 엿듣네

---

* 영명사(永明寺) : 평양직할시 금수산에 있던 불교 사찰이다. 조선시대와 일제강점기 동안 인근의 법흥사와 함께 평안남도 지역을 대표하는 큰 절이었다. 대동강과 능라도, 평양시내를 한눈에 내려다보며 풍류를 즐길 수 있는 장소에 지어져 예전부터 명승지로 유명했다. 창건 연대(393년?)는 분명치 않으나, 고구려 광개토왕 때 지어진 것으로 기록된 9개의 절 중 하나다. 주위의 경치는 선경을 방불하고, 스님들과 차담을 나누는 정경이 푸근하다.

제4경. 보통송객(普通送客)

굽이쳐 흐르지만 특출한 강은 아녀
버들 숲 우거지고 나루터 인정 넘쳐
손이여 길 재촉 마라 진짜 경물(景物) 놓칠 걸

* 보통강(普通江) : 평안남도 평원군에서 발원해 평양직할시까지 흐른다. 대동강으로 유입되는 길이 55.2km의 강이다. 평양시내를 관통하는데, 1942년 큰 홍수가 발생했다. 해방 이후 북조선에서 수로를 직강화하고, 원래 수로는 운하로 활용하다가 주변에 유원지를 조성하였다. 옛 나루터에서 다정하게 손님을 보내는 광경이다.

제5경. 거문범주(車門汎舟)

여보소 동무네들 뱃놀이 가자구요
갈대숲 질푸르고 가락은 구성져라
노 젓기 경쾌한 바람 은어 떼도 경주해

* 대동강(大同江) : 한반도에서 다섯 번째로 큰 강으로, 평안남도 대흥군 랑림산맥의 한태령(1,356m)에서 발원하여, 평양직할시·남포특별시·황해북도·황해남도를 지나 황해로 흐른다. 강의 길이는 439km이며 수심이 깊은 편이다. 하류에 평양시가 위치해 있으며 강 유역에는 고구려 유적지가 많다. 유역 형상은 평행형이다. 수례문 즉, 옛날 평천리 앞을 막았던 외성의 성문 놀이터에서 행하는 뱃놀이를 말한다.

제6경. 연당청우(蓮堂聽雨)

연잎을 때린 비는 소리도 쟁쟁한데
이슬은 애달프니 인생길 공수거(空手去)라
행인아 귀 한껏 열어 사자후(獅子吼)를 듣게나

* 연당 : 왕래인이 가장 많은 평양 대동문에서 종로로 통하는 길 한복판 연못에 비가 내리는 소리를 듣는 것을 뜻한다. 아름답게 핀 연꽃과 구르는 아침 이슬, 연잎 위 후두두 떨어지는 세찬 소리(사자후)가 행인을 사로잡는다. 1542년 못 주위에 지은 애련당(愛蓮堂)이 있었다 한다. 김정동(1948~) 전 목원대 교수에 의하면 "미군 폭격에 사라진 비극의 정자"라 한다. 〈일본을 걷는다〉, 제1·2권, 1997년, 한양출판사.
* 공수래 공수거(空手來 空手去) : 빈손으로 왔다가 빈손으로 간다는 뜻으로, 사람이 재물에 욕심을 부릴 필요가 없음을 이르는 말(佛).
* 사자후(獅子吼) : 부처님의 한 번 설법에 뭇 악마가 굴복하고 귀의한다는 뜻으로, 부처님의 설법을 사자의 포효에 비유한 말이다(佛).

제7경. 용산만취(龍山晩翠)

용악산 소나무야 겨울을 생각 말게
푸름이 있어야만 군자가 찾아올 터
송백(松柏)은 추워진 뒤에 더 더디게 시들지

---

* 용악산(龍岳山 295m) : 평양직할시 만경대 구역에 있는 산이다. 덕상산맥과 잇닿아 있었으나, 순화강·만경천의 오랜 하각작용으로 분리되었다. 소나무·밤나무·참나무·아카시아 등이 울창하다 곳곳에 기암이 솟아 있으며, 계절마다 독특한 경관을 보인다. 약수가 유명하며, 도로가 놓여있는 산정까지 오르면, 평양 시가지와 칠골 등을 한눈에 감상할 수 있다. 이 산의 소나무는 늦가을이 되어도, 늘 푸름을 유지하고 있다(다음백과). 중턱에 있는 법운암(法雲庵)은 대동강 부벽루에 있던 영명사(永明寺)의 부속암자이다. 북한의 국보문화유물 제13호로 지정되어 있다, 예전 중국으로 향하든 김구 선생이 머물렀던 곳이다.
* 歲寒然後 知松柏之後凋也(세한연후 지송백지후조야) : 공자께서 말씀하셨다. "날씨가 추워진 뒤에야, 소나무와 잣나무가 늦게 시듦을 알 수 있는 것이다". 세상이 어려워진 뒤에야, 참된 선비의 진면목이 드러난다. 추사 김정희의 그림, 〈세한도(歲寒圖)〉, 제목도 여기서 유래한 것이다(논어 자한편).

제8경. 마탄춘장(馬灘春漲)

얼음은 둥둥 뜨고 눈 섞인 소용돌이
거품 문 백마(白馬) 홀로 여울을 건너는데
봄물은 가득 불어나 마른 대지 적시네

* 마탄(馬灘) : 이른 봄 대동강 북쪽 여울인 이곳에 얼음이 둥둥 떠내려가고, 눈 섞임물이 소용돌이치는 모습은 일대 장관이다. 봉도리에 있는데, 말이 건너는 여울이라 하여 '마탄'이라 부른다. 1018년 고려 강감찬 장군이 거란군을 물리친 곳이라 한다.

2-4. 관서팔경(關西八景)-속명승보 11(2020. 3. 12)

제1경 강계(江界)의 인풍루(仁風樓)
제2경 의주(義州)의 통군정(統軍亭)
제3경 선천(宣川)의 동림폭(東林瀑)
제4경 안주(安州)의 백상루(百祥樓)
제5경 평양(平壤)의 연광정(練光亭)
제6경 성천(成川)의 강선루(降仙樓)
제7경 만포(滿浦)의 세검정(洗劍亭)
제8경 영변(寧邊)의 약산동대(藥山東臺)

---

* 조선민주주의인민공화국(북한) 평안북도, 평안남도, 자강도에 있는 명승지 여덟 곳을 가리킨다. 제3경과 제8경을 제외하고는 모두가 누정이다. 그 중 실물이 사라진 곳도 두 군데 있지만, 옛 자료와 사진을 토대로 지었다. 아쉬움이 남는다. 앞서 지은 '평양팔경'과 마찬가지로 이 역시 가보지 못해 탁상에서 읊는다. 순서와 자료는 한국민족대백과사전 및 위키백과를 많이 참고했다.

서시

관서(關西)는 요충(要衝)이오 풍광도 빼어나나
분단이 되었으니 비익조(比翼鳥)로 날아갈까
관용(寬容)은 가슴에 품고 증오(憎惡) 만은 버리세

제1경. 강계의 인풍루

절벽 위 눈 감은 채 수련하는 무장(武將)인가
참꽃 핀 솔발 둑길 복사꽃 어린 강에
봄바람 따습게 부니 누각 난(鸞)새 졸립다

---

* 인풍루(仁風樓) : 강계시 충성동에 있는 조선시대의 누정으로 북한 국보 제64호다. 남산 남쪽 자락의 독로강(禿魯江)과 북천강의 합수점 높은 벼랑 위에 동향으로 세워져 있다. 정면인 동쪽에서 보면 1층이지만, 서쪽은 강을 향해 기울어진 경사면을 그대로 살려 2층으로 꾸몄다. 외적의 침입에 대비하여 1472년에 쌓은 강계읍성의 부속건물로서, 전시에는 군사를 훈련하고 사열하던 곳이다. 이외에도 장대 건물이 여러 곳에 있다. 1680년에 불탄 뒤, 그 해에 다시 세워졌으며, 1950년대 초 한국전쟁으로 크게 손상을 입은 것을 수리해 놓았다. 동쪽면 4칸(18.75m), 서쪽면 5칸(18.75m), 옆면 3칸(8.9m)의 2익공이고, 천장은 통전장과 소란반자로 되어 있다. 지붕은 겹처마로 된 합각지붕이다.
* '잘 있거라 인풍루' 대중가요가 유명하다. 김영춘 노래(1942년)/유도순 작사/하영근 작곡/김준영 편곡/COLUMBIA 레코드 발매. 고풍의 정취가 넘쳐흐른다.
* 인풍 : 어진 풍습(바람). 즉, 봄바람이니, 동쪽에서 불어오는 따뜻한 바람을 의미한다.
* 난(鸞)새 : 난조(鸞鳥). 중국 전설에 나오는 상상의 새로, 모양은 닭과 비슷하나 깃은 붉은빛에 다섯 가지 색채가 섞여 있으며 소리는 오음(五音)과 같다고 한다(문화콘텐츠진흥원).
* 강계시(江界市) : 자강도의 도 소재지이다. 지형상 조선시대부터 가장 중요한 전략적 요충지다.

제2경. 의주의 통군정

우람한 장대(將臺)로고 삼각산 꼭대기에
가물댄 압록강은 물오리 점을 찍고
이끼 낀 옛 성벽에는 정회(情懷) 한결 깊느니

* 통군정(統軍亭) : 북한 평안북도 의주군 의주읍에 있는 조선시대 의주읍성의 북쪽 장대인 누정이다. 정면 4칸, 측면 4칸의 합각지붕건물이다. 의주읍성(義州邑城)에서 제일 높은 압록강 기슭 삼각산(三角山) 봉우리에 자리 잡고 있다. 서북방위의 거점이었던 이 성의 북쪽 장대(將臺)로, 군사 지휘부로 쓰였다. 그래서 정자 이름도 '군사를 통솔하는' 통군정이다. 여기에 올라서면, 이끼 푸른 옛 성벽이 눈앞에 보이고, 아래로는 압록강의 푸른 물 가운데에 점점이 떠 있는 여러 섬들이 굽어보인다.
* 1942년에 발표한 고운봉(1920~2001)의 '통군정의 노래'(유도순 작사, 한상기 작곡)는 변방의 정한을 불러일으킨다. 유튜브, 인터넷 등에서 한 번 들어보시라!

제3경. 선천의 동림폭

청수(清水)로 덕수맞이 괴석은 영지(靈芝) 닮아
용담(龍潭)에 비친 노송 헤엄친 적룡(赤龍)이여
떨어진 백옥(白玉) 폭포수 인민 논밭 살찌워

---

* 평안북도 동림군(옛 선천군 심천면) 고군영리 태봉 남쪽에 있는 폭포다. 물이 매우 맑고 용암 닮은 기암괴석은 모양이 특이해 인기가 좋다. 수직높이는 5m이며 너비는 보통 0.5m정도이다. 이 폭포에서 힘차게 떨어지는 폭포수는 물이 맑고, 구슬같이 떨어진다 하여 '옥포(玉瀑)'라고도 한다. 주위에 소나무, 참나무와 잘 어울리고, 폭포 밑에는 '용담(龍潭)'이라는 천연저수지가 있어 논밭에 많은 도움을 준다. 북한 천연기념물 제69호다.
* 덕수맞이 : 북한식 표현으로, '폭포처럼 떨어지는 물을 몸에 맞는 것'을 의미한다. 동림폭이 명소라 함.
* 신미도 운종리의 선천나비섬바다새는 북한 천연기념물 제9호로 지정 보호한다.

제4경. 안주의 백상루

눈부신 모루단청 날렵한 정(丁)자 모습
백 가지 가경(佳境) 둘러 서로가 뽐내지만
하늘 위 장엄한 연꽃 그 맑은 향 당하리

---

* 백상루 : 평안남도 안주군 안주읍에 있는 고려시대의 누정으로 북한 국보 제31호이다. 정면 7칸, 동쪽 측면 6칸, 서쪽 측면 4칸의 합각지붕건물이다. 유서 깊은 청천강 기슭에 높이 솟은 언덕 위에 자리 잡고 있다. 14세기 고려 충숙왕이 쓴 시에 구절이 있는 것으로 보아, 이전부터 있었던 것으로 전한다. 그 뒤 여러 차례에 걸쳐 보수를 거듭하였고, 1735년에 다시 지었다. '관서제일루(關西第一樓)'라 칭할 만큼 고유한 특색을 나타냈으나, 6·25 때 파괴 소실되어 1977년 북측이 재차 복구하였다. 특히 모루단청[毛老丹靑, 머리초에만 칠한 단청]이 화려하고, 눈이 툭 튀어나온 도깨비[蚩尤像] 문살도리가 위엄이 있다. 누의 이름은 '백 가지 아름다운 경치를 다 볼 수 있다'는 데서 유래되었다. 高樓架層霄(고루가층소 – 높은 누각 반공에 솟았는데…)로 시작되는 허균(許筠)의 '백상루' 오언배율한시(20행)가 유명하다. 지면관계로 생략한다. 주위에 수변 '칠성공원'이 있어 더욱 운치를 띤다.

제5경. 평양의 연광정

봄빛을 익혀뒀지 대동강 으뜸 누대
늘어진 수양버들 현판을 휘어 감고
명기(名妓)가 춤추는 다락 주작(朱雀)으로 날아가

---

* 연광정(練光亭) : 평양직할시 중구역에 있는 조선시대의 정자로 북한 국보 제16호다. 대동문 근처에 위치하고, 대동강에 접한 절벽 위에 지어져 있다. 단청은 물총새처럼 영롱하다. 최초로 누각이 지어진 것은 1111년(고려)으로 당시에는 '산수정(山水亭)'이라 이름 붙였다. 여러 번의 재건을 거쳐, 현존하는 것은 1670년에 지어진 것이다. 임진왜란 때에는 왜장 고니시 유키나가와 명나라 심유경이 회견을 했다. 또한 1609년 사신으로 방문한 명나라의 서화가 '주지번'이 '천하제일강산(天下第一江山)'이라고 쓴 현판을 내걸었다. 만화루(萬花樓)라 부르기도 한다. 조선의 당대 풍류객이 즐겨 찾았으며, 명기 계월향(桂月香)의 무대이기도 하다. 다락, 기둥 등에 걸린 명사와 묵객의 현판이 보석처럼 빛난다. 조경이 좋아 봄놀이에 알맞다.
* 주작 : 주조(朱鳥)라고도 한다. 고대 중국에서 하늘을 별자리에 따라 크게 다섯으로 구분하여 오관(五官) 또는 오궁(五宮)이라 하였는데, 그 중 동서남북의 4관 중 남관(南官)을 다스리는 신이다.
* 서정 넘치는 율곡(栗谷) 이이(李珥, 1536~1584)의 練光亭 한시 소개

練光高閣臨江渚(연광고각임강저) 연광정 높은 누각 강가에 솟았는데
十里平波寒鏡闢(십리평파한경관) 십리 푸른 파도는 찬 거울마냥 열리네
喬木遙看白鳥沒(교목요간백조몰) 백조는 키 큰 나무 흔들다 사라지고
古城廻抱靑雲回(고성회포청운회) 옛 성은 푸른 구름 끼고 도는구나
擧手遐思揖喬晋(거수하사읍교진) 손들고 교진에게 읍할 생각 떠올라
掛帆直欲痢登萊(괘범직욕초등래) 배 띄워 동래로 곧장 뛰어가고 싶구나
當風披璮動霞酌(당풍피단동하작) 바람 향해 옷 풀어헤쳐 노을 술 마시니
落日爲我猶徘徊(낙일위아유배회) 지는 해는 날 위해 외려 노는 듯 하네

제6경. 성천의 강선루

사절(使節)은 먼 길 왔기 안식처 그리운데
누각은 전화(戰禍) 입어 황망히 불에 타도
선녀가 단장(丹粧)했으니 원앙금침 어쩌리

---

* 강선루 : 평안남도 성천군 성천읍에 있는 성천객사(成川客舍)에 부속된 고려시대 누각이다. 이 객사는 비류강(沸流江)변 절경에 위치하며, 동명관(東明館)을 중심으로 좌우 익사(翼舍)인 통선관(通仙館)·유선관(留仙館) 등을 합쳐 모두 33칸에 이른다. 동명관 전면은 중문을 중심으로 좌우에 십이루(十二樓)와 다른 건물로 중정(中庭)을 이루었다. 누각은 동명관 서북 후방에 강을 바라보며 배치된 정면 7칸, 측면 5칸의 중층건물이다. 한국전쟁 때 소실되어 지금은 터만 남아있다. 실물은 없지만, 당시를 회상해 시조로 읊는다(네이버블로그, 북한여행, 동림폭포 인용 수정, 2018. 8. 15).

제7경. 만포의 세검정

만포(滿浦)는 천만리 길 압강(鴨江)은 아스란데
칼 씻은 정한(情恨)의 물 묘연히 흘러가도
침략자 더러운 손이 겨레 역사 태웠네

---

* 세검정(洗劒亭) : 자강도 만포시 세검동에 있는 누정이다. 압록강변에 있는 이 정자는 예전에 정면 3칸, 측면 2칸의 익공식 겹처마합각지붕 건물로 수면에서 약 100m 높이에 아스라이 자리 잡고 있었다. 자연암반을 지반으로 삼고 기둥은 흘림방식이었으며, 그 위에 두공을 얹었었다. 주위의 풍경과 잘 조화를 이루었던 누정이었다. 역사를 거슬러 올라 1636년 박남여 장군이 이끈 조선군은 침입한 청나라 군대를 물리치고, 이곳에서 피 묻은 검을 씻었다. 이를 기념하여 세운 뜻 깊은 정자다. 이후 1938년 일제에 의해 불태워졌다. 북한에서는 김정일 국방위원장의 지시로 2010년 복원공사에 들어갔다고 전해지지만, 그의 사망으로 인해, 그 후의 상황은 알려지지 않는다. 이 역시 제6경과 마찬가지로 옛 자료를 더듬어 읊는다.

제8경. 영변의 약산동대

약산(藥山)은 진달래가 동대(東臺)는 거북바위
조망(眺望)도 시원하랴 눈동자에 노는 절경
소인(騷人)아 비단 산 펼쳐 만천하에 알리게

* 약산동대(藥山東臺) : 평안북도 영변군 영변읍에 있는 산(표고 489m)이다. 산에 유난히 약초가 많고 약수가 나온다는 뜻이고, 동대는 영변이 무주·위주·연주라는 세 고을로 나누어져 있을 때, 무주의 동쪽에 있다 하여 불렀다고 전한다. 일대가 북한 명승지 제2호로 지정되어 있고, 노래 '영변가'와 김소월(金素月)의 시 '진달래꽃'으로도 유명하다. 산은 험준하지 않으나, 절승을 이루는 제일봉·거북바위(북한 천연기념물 제78호)·학벼루 등이 울창한 수림과 철 따라 바뀌는 꽃과 어울려 아름다운 풍치를 자아낸다. 특히 봄에 피는 진달래는 이 산을 뛰어난 승지로 만들었고, 고급 비단천인 '영변약산단'에 문양을 넣어 특산물로 생산하고 있다. 제일봉은 약산동대에서 가장 높은 봉우리로 이곳에 오르면 서쪽으로 흐르는 구룡강과 대령강이 보이고, 동쪽으로는 멀리 묘향산과 용문산의 웅장한 모습이 펼쳐진다(다음백과 발췌 수정).

2-5 원주팔경-속명승보 12(2020. 4. 2)

제1경 천년고찰 구룡사 제2경 500년 강원도 행정의 중심지인 강원감영 제3경 보은의 전설을 간직한 치악산 상원사 제4경 치악산 비로봉 제5경 기암절벽과 맑은 물의 지정면 간현 유원지 제6경 호국영령의 성지 영원산성 제7경 천주교의 성지 신림면 용암2리 원주 용소막성당 제8경 귀래면 미륵산 미륵불상

* 원주팔경은 강원도 원주시에서 2007년 9월 후보지 18곳 중, 원주시민과 지역 전문가들의 자문을 거쳐 선정한 이곳 관광자원을 대표하는 여덟 개의 문화재 및 경치를 말한다(위키백과).
* 각 경치 별 주석(註釋) 중 기초자료는 한국민족문화대백과사전에서 발췌 수정했다.

서시

영서 땅 심장이라 교통이 편리하오
민심은 순후(淳厚)하고 닥종이 일품(逸品)이라
경승(景勝)이 눈빛 주거든 지체없이 그려요

제1경. 천년고찰 구룡사

치악산 입술이라 황장목(黃腸木) 울창하고
청류에 흐른 단풍 사연도 애달픈데
혈 끊긴 거북바위는 아홉 룡을 감싸네

* 구룡사(龜龍寺): 강원도 원주시 소초면 학곡리 1029. 대한불교 조계종 제4교구 본사인 월정사(月精寺)의 말사이다. 668년(문무왕 8) 의상(義湘)이 창건하였으며 창건에 얽힌 설화가 전하고 있다. 조선에서는 1706년(숙종 32) 중수되었다. 근래에서는 1966년 종영(宗泳)이 보광루를 해체 복원하였고, 1968년에는 심검당과 요사를, 1971년에는 삼성각을, 1975년에는 대웅전(강원도유형문화재 제24호)을 보수 단청하였다. 현재 입구에는 조선시대에 세운 황장금표(黃腸禁標)가 있다. 치악산 일대의 송림에 대한 무단벌채를 금하는 방인데, 전국에서 유일하게 남아 있는 표지로서 그 역사적 가치가 있다.
* 황장목: 임금의 관을 만드는 데 쓰이던 질이 좋은 소나무. 속이 노랗다.

제2경. 500년 강원도 행정의 중심지인 강원감영

발소리 숙연하제 노을 진 선화당(宣化堂) 뜰
선정비 즐비하나 참 목민관 몇몇일까
치자(治者)여 백성 돌볼 때 평등 먼저 살펴라

---

* 강원감영(江原監營) : 강원도 원주시 일산동 54-1. 감영은 관찰사(감사, 도백 등 지방장관)가 주재해 정무를 보던 곳으로, 1395년(태조 4) 처음 설치된 후, 1895년(고종 32) 조선 8도제가 23부제로 될 때까지 500년 동안 유지되었다. 지금 옛 건물로는 문루와 선화당, 청운당만이 남아 있으며, 2000년부터 발굴조사를 실시하여 건물터와 연못터 등을 찾아냈다. 면적 약 9,608.6m²로, 2002년 3월 9일 사적 제439호로 지정되었다. 포정루(布政樓)와 선화당(宣化堂)은 별도로 강원도 유형문화재 제3호로 지정되어 있다.
* 나라를 다스리는 자는, "백성이 적은(가난한) 것을 걱정하지 않고, 고르지 않을까를 걱정한다(不患寡而患不均)"라고 했다(공자). 논어 계씨(季氏)편.

제3경. 보은의 전설을 간직한 치악산 상원사

구렁이 절담 넘자 산꿩이 꺽꺽 울어
종소리 은은하니 자비심 가득하랴
애증(愛憎)이 본시 없는데 무슨 원한 있겠소

---

* 치악산(雉嶽山) 상원사(上院寺) : 강원도 원주시 신림면 성남리 치악산 남대봉 아래에 있는 절. 대한불교 조계종 제4교구 본사인 월정사(月精寺)의 말사이다. 창건 이후 고려 말 나옹(懶翁)이 중창하였고, 월봉(月峯)·위학(偉學)·정암(靜巖)·해봉(海峯)·삼공(三空)·축념(竺念) 등 선사들이 이곳에서 수도하였다. 6·25전쟁 때 전소되어 폐허화 된 것을 1968년 주지 송문영(宋文永)과 의성(義成)이 중건하였다. 현존하는 당우로는 강원도 문화재자료 제18호로 지정된 대웅전과 요사채, 객사(客舍) 등이 있으며, 동서에 신라 석탑의 양식을 따른 아름다운 삼층석탑 2기가 있다. 이 탑은 창건과 동시에 세워진 것으로, 상륜부(上輪部)에 둥근 연꽃 봉오리 모양을 새겨 일반 탑에서 보기 어려운 양식을 나타내고 있다. 죽음으로서 종을 울려 은혜를 갚은 꿩과 구렁이의 전설이 생겨난 곳이다.
* 졸저 『한국산악시조대전』, 산영 제1-561번(412면), 상원사 전설(치악산 남대봉) 시조 참조.

제4경. 치악산 비로봉

준수한 콧매에다 골에는 가람 많아
황엽은 알록달록 아련한 장끼울음
돌탑 위 비로자나불 씩 웃으며 엄지척

---

* 치악산 비로봉(雉岳山 毘盧峰 1,286m) : 이 산은 1984년 우리나라에서 16번째로 국립공원으로 지정된 곳이다. 주봉은 비로자나불이 계시는 근엄한 곳이다. 원래는 단풍이 고와 적악산(赤岳山)이라 불렀다.
* 돌탑 : 비로봉에 원뿔형의 정교한 돌탑이 3개 있다. 밑 둘레 10m, 높이 10m에 달한다. 1961년 원주시 봉산동에 사는 용진수(남, 당시 43세)가 정성스레 쌓았다고 전한다. 나름대로 전설을 간직했다.
* 비로자나불(毘盧遮那佛) : 이 부처는 보통 사람의 육안으로는 볼 수 없는 광명(光明)의 부처이다. 범어 바이로차나(vairocana)를 음역하여 비로자나라고 한다. 법신(法身)은 빛깔이나 형상이 없는 우주의 본체인 진여실상(眞如實相)을 의미하는 것이다. 석가보다 상위개념이다.
* 예전에 치악산은 바위길이 많고 경사가 심해 흔히 '치가 떨리는 산'이라고 놀려댔다. 남대봉부터 시작하는 종주가 힘들고, 등산길이 다양하다.
* 졸저 『한국산악시조대전』, 산영 제1－563(413면). '용의 힘줄을 뽑다' 시조 외 다수 참조.

제5경. 기암절벽과 맑은 물의 지정면 간현 유원지

강물은 새파랗고 은모래 빛난 사장
눈 시린 풍광이라 사시(四時)는 청량하고
두꺼비 가끔 울 때면 인간 거미 줄 치네

---

* 간현(艮峴) 유원지 : 강원도 원주시 지정면 소금산길 26. 원주천과 삼산천이 만나는 간현 협곡에 위치한다. 여기를 중심으로 이루어진 원주 제일의 유원지이고, 치악산국립공원과 함께 국민관광지로 손꼽힌다. 동쪽 절벽 밑으로 넓은 백사장이 펼쳐져 있으며 절벽 위로는 중앙선이 통과한다. 관광지 내에는 야영장과 취사장, 수변공연, 공연장 등의 시설이 갖추어져 있으며 바윗길에는 암벽등반을 즐길 수 있다. 강변은 봄부터 가을까지 민물고기 낚시도 가능하다. 인근에는 진공대사탑비 귀부 및 이수(보물 제463호), 흥법사지3층석탑(보물 제464호), 조엄의 묘와 공적비 등 문화재도 많다. 안창대교, 지정대교, 간현교가 있어 교통이 편리하다(다음백과 인용 수정). 일명 섬강(蟾江, 두꺼비강)이라 운치 있게 부르기도 한다.

제6경. 호국영령의 성지 영원산성

이끼 낀 옛 산성은 달빛이 교교한데
격렬한 싸움소리 내 염통 달궈내고
영령들 호국 의지를 큰 바위에 새겨둬

* 영원산성(領願山城) : 강원도 원주시 판부면 소재. 치악산 남서쪽에 있는 석축 산성으로 2003년 6월 2일 대한민국의 사적 제447호로 지정되었다. 신라 문무왕 또는 신문왕 때에 쌓았다고 하나, 확실한 고증이 없다. 문헌에 둘레가 3,749척이고, 성 안에 우물 한 개와 샘 다섯 개가 있었다고 전한다. 현재는 4km 정도의 석축이 남아 있으며 높이는 1~3m이다. 외적의 침입이 있을 때에는 원주와 이웃 고을 주민들이 이곳에 들어와서 싸우고 지켰다.

제7경. 천주교의 성지 신림면 용암2리 원주 용소막성당

뾰족해 붉은 성당 한 폭의 풍경화지
솔숲은 우거지고 사슴 울음 정겹기에
신도는 동화 속에서 박애정신 펼치네

---

* 용소막성당(龍召幕聖堂) : 강원도 원주시 신림면 용암리 719-2. 강원도 유형문화재 제106호다. 용소막 본당은 1904년에 강원도에서는 세 번째 본당으로 설립되었고, 이후 초대 주임 프와요(Poyaud, 表光東) 신부가 매입하여 개조한 초가집을 성당으로 사용해 왔다. 1915년 가을에는 건평 100평의 벽돌조 양옥성당을 완공하고, 프랑스 '루르드(Lourdes)의 성모'를 주보(主保)로 하여 축성식을 갖게 되었다. 정면 중앙부에 높은 첨탑을 갖춘 고딕식 건물로 성당의 평면은 삼랑식(三廊式)이다. 내부 공간은 목조의 열주에 의해 신랑(身廊)과 측랑(側廊)이 구분되고, 정면에 제대부가 있는 서양식 성당 건축의 일반적인 구조를 갖추고 있다. 붉은 벽돌로 지어져 한 폭의 풍경화이면서도, 성당 구역의 엄숙한 분위기를 자아낸다(대한민국 구석구석 참조).
* 녹명(鹿鳴) : 사슴이 울다. 시경 소아(小雅) 74편 중 하나. 呦呦鹿鳴(유유록명) 食野之苹(식야지평)-사슴이 들판에서 맛있는 풀을 찾게 되면, "呦呦(유유)" 소리를 내어 친구들을 불러 함께 먹는 것을 읊었다.
* 애인희시(愛人喜施) : 사람들을 사랑하고, 베풀기를 좋아하다(출전 사마천 사기 고조본기).
* 원주는 원래 닥나무와 한지가 유명하나, 근래 닭강정과 치악산 분홍 복숭아가 인기를 끈다.

제8경. 귀래면 미륵산 미륵불상

탁세(濁世)를 응시하나 인자한 억겁 미소
열두 봉 분경(盆景) 즐겨 삼매(三昧)에 든 미륵부처
천천히 걸어 나오며 팔만 번뇌 잠재워

---

* 미륵산(689m) 미륵불상(彌勒佛像) : 강원도 원주시 귀래면 용암동막길. 한 폭의 동양화를 감상하 듯, 12개의 기암괴봉을 거느린 노송이 울창한 미륵산이 있다. 정상부 미륵봉 바위벼랑에 거대한 미륵불상이 새겨져 있다. 절벽(높이 15.6m)에 동쪽을 향해, 신장 48척의 초대형 부처인데, 코의 길이만 해도 사람의 키를 넘을 정도여서, 가까이에서는 그 모양을 알아볼 수가 없고, 멀리서 바라봐야만 형체를 알 수 있다.
전국 소원성취의 명소로 알려졌다. 산행은 서낭고개에서 출발하여 황산사로 내려서는 게 무난하다.
* 미륵불 : 석가모니 열반 후 56억 7,000만 년이 지나면, 이 사바세계에 출현하는 부처님이다. 그 때의 세상은 이상적인 국토로 변하여 땅은 유리와 같이 평평하고 깨끗하며, 꽃과 향이 뒤덮여 있다고 한다. 또한 인간의 수명은 8만 4,000세나 되고, 지혜와 위덕이 갖추어져 있어 안온한 기쁨으로 가득 차 있다고 한다.
* 필자의 사견 : 과학적 사고를 할 경우, 그 때가 되면 우리 지구 자체가 소멸할지도 모른다.
* 졸저 『한국산악시조대전』, 산영 제1 – 209번(187면), '제도(濟度)의 참뜻' 시조 참조.

2-6. 비해당사십팔영(匪懈堂四十八詠)-속명승보 13

(2020. 3. 16)

-안평대군 발제에 대한 화답

제1영. 春後牧丹(춘후목단) 봄 지난 뒤의 모란
제2영. 屋角梨花(옥각이화) 집 모퉁이 배나무 꽃
제3영. 墻頭紅杏(장두홍행) 담장 위의 붉은 살구꽃
제4영. 熟睡海棠(숙수해당) 곤히 잠든 해당화
제5영. 爛熳紫薇(난만자미) 활짝 핀 배롱 꽃
제6영. 半開山茶(반개산다) 반쯤 핀 산다화
제7영. 雪中冬柏(설중동백) 눈 속의 동백 열매
제8영. 日本躑躅(일본척촉) 일본 철쭉
제9영. 浥露黃橙(읍로황등) 이슬에 젖은 오렌지
제10영. 假山煙嵐(가산연람) 가산의 이내
제11영. 門前楊柳(문전양류) 문 앞의 버드나무
제12영. 籠煙翠檜(롱연취회) 안개 덮인 푸른 노송나무
제13영. 映日丹楓(영일단풍) 햇살에 비치는 붉은 단풍
제14영. 竹逕淸風(죽경청풍) 대숲 길의 맑은 바람
제15영. 矜秋紅柹(긍추홍시) 가을의 자랑 홍시
제16영. 苔封怪石(태봉괴석) 이끼 낀 괴석
제17영. 海南琅玕(해남랑간) 해남의 옥돌
제18영. 梅窓素月(매창소월) 매화 핀 창가의 흰 달
제19영. 鶴唳庭松(학려정송) 학이 우는 뜰의 소나무
제20영. 麝眠園草(사면원초) 사향노루 잠드는 동산의 풀숲
제21영. 水上錦雞(수상금계) 물 위의 금계
제22영. 籠中華鴿(롱중화합) 새장 속의 화려한 집비둘기
제23영. 琉璃石(유리석) 유리석
제24영. 硨磲盆(차거분) 옥돌 화분
제25영. 梔子花(치자화) 치자꽃
제26영. 傲雪蘭(오설란) 오설란
제27영. 萬年松(만년송) 만년송
제28영. 四季花(사계화) 사계화
제29영. 百日紅(백일홍) 백일홍
제30영. 金錢花(금전화) 금전화
제31영. 拒霜花(거상화) 목부용 꽃
제32영. 映山紅(영산홍) 영산홍
제33영. 安石榴(안석류) 석류
제34영. 凌霜菊(능상국) 서리가 범한 국화
제35영. 梧桐葉(오동엽) 오동나무 잎

제36영. 飜階芍藥(번계작약) 널찍한 섬돌에 작약
제37영. 滿家薔薇(만가장미) 집에 가득한 장미
제38영. 輕盈玉梅(경영옥매) 한들한들 예쁜 옥매화
제39영. 忘憂萱草(망우훤초) 근심을 잊게 하는 원추리
제40영. 向日葵花(향일규화) 해를 바라보는 해바라기
제41영. 窓外芭蕉(차외파초) 창밖의 파초
제42영. 三色桃(삼색도) 세 가지 꽃이 피는 복숭아
제43영. 玉簪花(옥잠화) 옥비녀 꽃
제44영. 藤蔓老松(등만노송) 등나무 감긴 노송
제45영. 蜀葡萄(촉포도) 촉나라 포도
제46영. 盆池菡萏(분지함도) 오목한 연못의 연꽃 봉오리
제47영. 木覓晴雲(목멱청운) 구름이 갠 목멱산
제48영. 仁王暮鐘(인왕모종) 인왕산의 저녁 종소리

---

* 안평대군(安平大君, 1414~1458)은 조선의 명필로 이름은 용(瑢)이다. 그의 별장 '비해당' 주변 경치를 주제로 지은 48영(詠) 즉, 48수(首)의 한시를 말한다. 건물을 지은 뒤에, 대군은 집 안팎의 아름다운 꽃과 나무, 연못과 바위 등에서 48경을 찾아냈다. 이후 그는 당대 최고의 지성집단인 집현전 학자들을 초청하여 48경을 보여준 뒤, 자신의 한시에서 차운하게 한 것이다(경기문화포털 발췌 수정). 김수온(金守溫, 1410~1481), 서거정(徐居正, 1420~1488), 신숙주(申叔舟, 1417~1475), 최항(崔恒, 1409~1474) 등 걸출한 인물들을 제치고, 비교적 전고가 온전한 성삼문(成三問, 1418~1456, 字 근보) 선생의 간결한 오언절구 48수만 싣는다. 成謹甫集(성근보집) 成謹甫先生集卷之一(성근보선생집1권) 詩(시). 서문이 따로 있으나, 길어서 함께 싣지 못한다. 번역은 다음블로그 친구 돌지둥(송석주) 자료에 주로 의존했다.
* 비해당(匪懈堂)은 세종대왕(世宗大王)이 셋째 아들인 안평대군(1428년에 봉해짐)에게 지어준 당호(堂號)이다. 비해는 '게으름이 없다'는 뜻이다. 匪는 非(아닐 비)자와 뜻이 같다. 시경 숙야비해(夙夜匪懈) 이사일인(以事一人)에서 따왔다. "아침부터 밤늦게까지 게으름을 피우지 말고, 한 사람을 섬기라는 뜻이다." 별장은 인왕산 자락 수성동(水聲洞)에 있었다고 전한다. 겸재 정선의 '장동팔경도'에 비친다고 하지만, 신빙성이 약해 정확한 위치를 알 수 없다. 권력과 정쟁의 소용돌이 속에서 귀중한 역사가 사라져 버렸다.
* 비해당 주변에는 당시에도 희귀식물이 많았던 모양이다. 더러 귀화(외래)식물도 보인다. 경물을 대하는 정취는 조상과 크게 다르지 않을 것이다. 이에 필자는 대군 사후 562년 만에, 우리나라 최초로 정격 단시조로 읊는다.
* 2018. 12. 24~2019. 1. 31 서울특별시 종로구 자하미술관(관장 강종권)에서 '안평대군(安平大君)의 비밀정원'을 주제로, 안평대군 600주년 기념, '비해당 48영 상상화 기획전'이 열렸다.

서시

별장은 기화(奇花) 가득 대군(大君)은 득의(得意) 미소
마흔 여덟 비경이사 학자가 읊어주니
게으름 쫓아냈도다 부왕(父王)에게 으스대

제1영. 春後牧丹(춘후목단)

푸짐한 젖가슴에 양귀비 쑥스러워
질붉게 피는 목단 뭇 별이 달라붙자
멋쩍은 호랑나비가 늦은 봄만 나무래

---

* 春後牧丹(춘후목단)–봄 지난 뒤의 모란/성삼문. 이하 전부 같음.

古人稱富貴(고인칭부귀) 옛 사람들 부귀라 일컫고
擧世號風流(거세호풍류) 온 세상에 풍류라 이름 내네
脫身桃李地(탈신도리지) 복숭아와 오얏의 처지 벗어났으니
物議花應羞(물의화응수) 논의와 평판에 응당 꽃은 부끄러워하네

* 출전 : 成謹甫集(성근보집) 成謹甫先生集卷之一(성근보선생집1권) 詩(시).

제2영. 屋角梨花(옥각이화)

돌아간 집 모퉁이 백설이 날리는가
배꽃에 낮달 희니 다정가(多情歌) 떠오르네
아이야 세 가지 꺾어 화병에다 꽂으렴

---

*다정가 : 고려 문장가 이조년(李兆年, 1269~1344)이 읊은 명시조 "이화에 월백하고"~(이하 생략).

*屋角梨花(옥각이화)-집 모퉁이 배나무 꽃

春雨三杯後(춘우삼배후) 봄비에 석 잔술 마신 뒤에
微酡倚睡鄕(미타의수향) 작은 취기에 꿈나라에 맡기네
覺來開兩眼(각래개량안) 깨달음에 두 눈을 떠보니
氷雪映斜陽(빙설영사양) 얼음 눈이 기우는 해에 비치네

*睡鄕[수향] : 잠 잘 때 마음이 가는 곳, 꿈나라.

제3영. 墻頭紅杏(장두홍행)

나지막 담벼락 위 연분홍 살구꽃이
남 몰래 풍긴 미향(微香) 처녀는 갈길 멈춰
혼약(婚約)한 총각 올까봐 괜히 가슴 두근대

---

* 墻頭紅杏(장두홍행) – 담장 위의 붉은 살구 꽃

年年倚墻杏(여년의장행) 해마다 담장에 기댄 살구나무
先發向人枝(선발향인지) 먼저 핀 가지가 사람을 향하네
偏宜經宿雨(편의경숙우) 마침 알맞게 내린 지난 밤비에
正好得朝暉(정호득조휘) 아름답고 순수한 아침 광채 얻었네

* 宿雨(숙우) : 여러 날 계속해서 내리는 비. 지난밤부터 오는 비.

제4영. 熟睡海棠(숙수해당)

뒤뜰의 해당화는 낮인데 곤히 잠자
별안간 여우비가 고운 뺨 스쳐가도
잠꼬대 몹시 심하니 풀벌레가 꼬집어

---

* 이 해당화는 줄기에 가시가 있는 장미 닮은 꽃이 아니라, 꽃사과나무의 일종인 '서부해당화'로 보인다.
* 熟睡海棠(숙수해당)–곤히 잠든 해당화

子固不能詩(자고불능시) 자고도 시에는 능하지 못했는데
不能亦何傷(불능역하상) 능력 없음을 어찌 또 근심하나
我愛柳仲郢(아애류중영) 내가 류중영을 사랑하는 건
衣不喜薰香(의불희훈향) 향기 나는 옷을 즐기지 않아서라오

* 子固(자고) : 唐宋八大家(당송8대가) 중 한 사람이다. 산문에 능했던 북송의 曾鞏(증공, 1019~1083)을 말한다. 후인들은 子美(자미, 두보)는 文에 능하지 못하고, 子固는 詩가 변변하지 못하였다고 평한다.
* 柳仲郢(류중영) : 藩鎭(번진)의 절도사가 되었으나, 마구간에는 좋은 말이 없었고, 옷에는 향기 나는 주머니를 달지 않았다 한다. 舊唐書 卷165 柳仲郢列傳.

제5영. 爛熳紫薇(난만자미)

한여름 눈요기라 무리 핀 배롱나무
서산에 질은 노을 자선(紫仙)이 춤을 추고
원공(猿公)은 미끄러져도 보라별을 턴다네

* 배롱나무 : 한자로 자미화(紫微花)라 한다. 꽃이 오래 피는 특징 말고도, 껍질이 유별나 사람들의 눈길을 끈다. 오래된 줄기의 표면은 연한 붉은 기가 들어간 갈색이고, 얇은 조각으로 떨어지면서 흰 얼룩무늬가 생겨 반질반질해 보인다. 이런 나무껍질의 모습을 보고 '파양수(怕癢樹)', '간지럼나무'라고도 한다. 일본 사람들은 나무타기의 명수인 원숭이도 떨어질 만큼 미끄럽다고 하여, '원숭이 미끄럼 나무'라고 이름을 붙였다.
* 자선(紫仙)은 보라 빛 신선 곧, 보라 노을을 비유한다. 원공(猿公)은 원숭이의 높임말이다(의인화).
* 爛熳紫薇(난만자미)－활짝 핀 배롱나무

歲歲絲綸閣(세세사륜각) 해마다 사륜각에서
抽毫對紫薇(추호대자미) 붓을 거두고 배롱나무를 마주하네
今來花下飮(금래화하음) 지금까지 꽃나무 아래에서 마시니
到處似相隨(도처사상수) 가는 곳마다 서로 따르는 것 같구나

제6영. 半開山茶(반개산다)

반쯤 펴 외려 예쁜 앙증맞은 애기동백
쪽 빨면 까무러진 황금 혀 빨간 입술
단지에 꽃송이 띄운 동동주를 마실래

---

* 산다화 : 애기동백을 일컫는다. 설중사우(雪中四友)의 하나이다.
* 주미취(酒微醉) 화반개(花半開) : 술은 취할 듯 말 듯이 좋고, 꽃은 반쯤 필 때가 아름답다.
* 半開山茶(반개산다)－반쯤 핀 동백꽃

我愛歲寒姿(아애세한자) 나는 한겨울의 자태를 사랑하여
半開是好時(반개시호시) 반쯤 핀 이 때를 좋아한다네
未開如有畏(미개여유외) 피지 않을 땐 두려움 있는 것 같더니
已開還欲萎(이개환욕위) 피고 나니 도리어 시들려 하네

제7영. 雪中冬柏(설중동백)

정분 난 연인이여 얼굴을 활짝 펴요
눈 위로 쏟아지는 달거리 걱정돼도
떨어진 동백꽃잎은 강아지가 물어가

---

* 雪中冬柏(설중동백)－눈 속의 동백열매

高潔梅兄行(고결매형행) 고결한 매화가 훌륭해 보이나
嬋娟或過哉(선영혹과재) 곱고 아름다움 혹 지나치리라
此花多我國(차화다아국) 이 꽃이 우리나라에 많으니
宜是號蓬萊(의시호봉래) 마땅히 이를 봉래라 일컫네

제8영. 日本躑躅(일본척촉)

꽃모양 단정하고 화색(花色)은 더욱 붉소
왜철쭉 귀타 해도 별서(別墅)엔 맞지 않아
분홍빛 조선 토종이 더 고운 줄 몰랐슈

---

* 여기서 '왜'는 일본을 뜻하지만, 작거나 낮은 것(쇠, 좀, 왜, 땅) 등을 의미하기도 한다.
* 日本躑躅(일본척촉)－일본의 철쭉

紫白種非貴(자백종비귀) 자색과 백색은 귀한 종류 아니지만
丹者來天東(단자래천동) 붉은 것은 하늘 동쪽에서 온 것이라네
先王聖德遠(선왕성덕원) 선왕의 존엄한 덕이 심오하여
海晏天無風(해안천무풍) 바다는 편안하고 하늘엔 바람이 없구나

제9영. 浥露黃橙(읍로황등)

옛적엔 몹시 귀해 백성은 먹지 못해
감귤은 제주산이 훨씬 더 맛있는데
이슬에 젖은 오렌지 사대부(士大夫)만 좋다네

---

* 지금 우리가 먹는 오렌지가 그 때에도 과연 있었는 지 궁금하다.
* 浥露黃橙(읍로황등)－이슬에 젖은 노란 귤

后皇南國孫(후황남국손) 늦게 아름다운 남쪽 나라의 후손
於世爲淸門(어세위청문) 대를 따르며 맑은 가문 이루었네
離鄕休道賤(리향휴도천) 고향을 잃어 천하다 말하지 말게
秉德有餘芬(병덕유여분) 덕을 따르니 다른 향기 독차지 하네

제10영. 假山煙嵐(가산연람)

파낸 흙 공을 들여 가짜 산 만들다니
남산이 흘겨볼까 괜스레 걱정 돼도
저 눈썹 닮은 둔덕 위 아지랑이 붉도다

---

* 가산(假山) : 1395년 9월 경복궁이 처음 완성됐을 때는 '경회루' 건물이 없었다. 정종 때 개성으로 잠시 갔던 수도를 1405년 태종이 한양으로 천도한 후, 조성을 지시해 1412년에 완성했다. 태종이 이를 만든 까닭은 왕과 신하가 함께 만나서 회의도 하고, 회식도 할 수 있는 공간이 필요했던 까닭이다. 공사의 총감독은 박자청(朴子青, 1357~1423)이 맡았다. 그는 주변에 연못을 파고, 흙을 이용해 가산(假山)인 '아미산(峨嵋山)'을 만들었다. 누각이 완성되자, 태종의 명으로 하륜(河崙, 1348~1416)이 '경회루'라 이름을 정한 기록이 '경회루기(慶會樓記)'에 실려 있다. 출처 : 신병주의 역사유적탐방, 경복궁 경회루(2020. 1. 3).
* 假山煙嵐(가산연람)－가산의 안개와 아지랑이

  洞壑輕嵐冪(동학경람멱) 깊은 골짜기에 가벼운 남기가 덮으니
  峯巒積翠寒(봉만적취함) 뫼와 봉우리에 푸른색 머물며 쓸쓸하구나
  縱然詩思拙(종연시사졸) 멋대로 하는 시 생각 옹졸하지만
  已擬賦南山(이의부남산) 반드시 남산 같은 시가를 지어 견주리라

* 南山(남산) : 終南山, 唐(당) 韓愈(한유)의 작품이다. 총 102韻(운)을 사용하여 1,020자로 쓴 장편시로 終南山(종남산)의 경치를 읊은 시다.

제11영. 門前楊柳(문전양류)

대문 앞 축 늘어진 다섯 그루 버드나무
도연명 그립거니 봄바람 향기롭고
흥타령 신나는 북창(北窓) 푸른 안개 휘날려

---

* 동진의 도연명(陶淵明, 365~427)은 집 주위에 다섯 그루의 버드나무를 심고, '오류(五柳)'라 자호했다. 스스로 성찰하며, 삶을 되돌아보는 간결한 문장이다. 고문진보 오류선생전 참고.
* 門前楊柳(문전양류)-문 앞의 버드나무

白日北窓下(백일북창하) 밝은 날 북쪽 창문 아래에
逸興羲皇前(일흥희황전) 편안하고 흥겨우니 복희 황제 앞이로다.
門垂五柳樹(문수오류수) 문에 늘어진 다섯 그루 버드나무
覆地政含煙(부지정함연) 땅을 덮으니 정말로 안개를 머금었네.

제12영. 籠煙翠檜(롱연취회)

죽 뻗은 전나무에 푸른 안개 휘감구려
뜀박질 헐레벌떡 숨 한 번 돌릴 사이
한 아름 끌어안다가 새똥 세례 받았군

---

* 전나무는 똑바로 자라는 키 큰 침엽수로 모양이 당당하다. 군집을 이루는 특성이 있지만, 개체 간의 생존경쟁은 매우 치열하다. 그래서 태양을 향해 일직선으로 키를 높인다. 마치 백성들이 신분상승을 위해 서로가 피나게 노력하는 것처럼.
* 籠煙翠檜(롱연취회)–안개(이내)가 덮인 푸른 노송

直幹排雲上(직간배운상) 곧은 줄기는 구름을 위로 밀어내고
蒼蒼問幾秋(창창문기추) 푸르게 우거진 지 몇 해인가 물어보네
攀援久不去(반원구불거) 더위 잡고 매달려도 막거나 내몰지 않으니
莫是洙泗遊(막시수사유) 무릇 물가에서 편안히 즐기리라

제13영. 映日丹楓(영일단풍)

나무에 말 걸지 마 시비에 휘말릴 터

햇살에 비친 단풍 흠모한 내님 입술

소슬이 귓밥 스칠 때 철인(哲人)답게 사색해

---

* 映日丹楓(영일단풍)–햇살에 비치는 붉은 단풍

無知空老大(무지공로대) 헛되이 지내다 늙는 걸 알지 못하니
歲月奈駸駸(세월내침침) 세월은 어찌 그리 빨리 달리는지
寄語丹楓樹(기어단풍수) 붉은 단풍나무에게 말을 보내니
寧無宋玉心(영무송옥심) 송옥의 마음처럼 편안치 못하다네

* 宋玉(송옥) : 굴원의 제자로 알려져 있는 시인, 생몰년대 미상(사마천의 기록). 楚辭(초사)에 九變(구변) 招魂(초혼)이라는 화려한 시가 전함.

14영. 竹逕淸風(죽경청풍)

대숲 길 맑다보니 바람도 향긋한데

깊숙이 은일해도 산새가 놀러오기

손 등에 올려놓고서 선문답을 나누지

---

* 竹逕淸風(죽경청풍)–대숲 길의 맑은 바람

度竹風聲碧(도죽풍성벽) 대숲을 지나니 바람 소리도 푸르고
含風竹影淸(함풍죽영청) 바람을 머금은 대나무 그림자 맑구나
幽人無一事(유인무일사) 조용히 사는 이 잠시 일이 없으니
獨坐寫黃庭(독좌사황정) 홀로 앉아서 황정경을 베끼네

* 黃庭(황정) : 黃庭經(황정경). 道敎(도교)에서 쓰는 經文(경문) 또는 經典(경전).

제15영. 矜秋紅柹(긍추홍시)

된서리 맞았으니 가을 감 말랑말랑
고향 밤 깊어 가면 응석부린 동무 생각
홍시도 한 때는 떫었지 땡감이여 실망 마

---

* 矜秋紅柹(긍추홍시)–가을의 홍시를 공경함

草樹霜初重(초수상초중) 풀과 나무에 된서리 시작하니
乾坤秋欲深(건곤추욕심) 하늘과 땅엔 가을이 깊어지려 하네
離離萬顆子(이려만과자) 갈라져 달라붙은 많은 알(감)들이
喚起故園心(환기고원심) 고향 그리는 마음 불러일으키네

제16영. 苔封怪石(태봉괴석)

질 화분 한가운데 좌정(坐定)한 선인(仙人)이지
물 잡숴 울퉁불퉁 구멍도 숭숭 뚫려
이끼 낀 괴석(怪石)이라야 진짜 보물 된다오

---

* 苔封怪石(태봉괴석)–이끼 덮인 괴이한 돌

怪石入盆心(괴석입분심) 괴석을 화분 가운데 들이고
綠苔封石上(녹태봉석상) 푸른 이끼를 돌 위에 배양하였네
石有潤而滋(석유윤이자) 돌이 젖어 있어야 번식하니
不然苔不旺(불연태불왕) 그렇지 않으면 이끼는 아름답지 않다오

제17영. 海南琅玕(해남랑간)

해남 땅 붉은 옥돌 조선의 귀물이라
선왕이 남긴 유물 장롱에 고이 간직
땅속에 다시 묻어요 강토 정령 베이게

---

* 海南琅玕-해남의 옥돌

幾年爲地祕(기년위지비) 몇 년을 땅이 숨겨 주었는지
千載俟河淸(천재사하청) 천 년간 황하가 맑아지길 기다렸다네
先王重此物(선왕중차물) 선왕께서 귀중히 여기신 이 물건
恩賜在東平(은사재동평) 은혜를 베풀어 동쪽(대군 댁)에 편안히 있네

* 琅玕은 안평대군의 호 중 하나이다. 河淸은 가끔 태평성대를 비유하기도 한다.

제18영. 梅窓素月(매창소월)

매화 핀 창가에는 하얀 달 비추는데
우거진 꽃무리는 눈[雪]인양 펄펄 날아
두 은사(隱士) 얼굴만 볼 뿐 아무 말이 없다네

---

* 梅窓素月(매창소월)-창가의 매화에 흰 달

溫溫人似玉(온온이사옥) 온화 온순하여 인격은 옥을 닮고
藹藹花如雪(애애화여설) 우거진 꽃들은 눈과 같구나
相看兩不言(상간양불언) 서로 바라보며 둘 다 말이 없으니
照以靑天月(조이청천월) 고요한 하늘에 달빛만 비추네

* 藹藹(애애) : 초목이 무성한 모양, (달빛이) 희미한 모양, (화기가) 부드럽고 포근하여 평화로운 기운이 있는 모양, 점잖은 선비가 많이 모인 모양.

제19영. 鶴唳庭松(학려정송)

달 밝은 뒤뜰에는 성긴 듯 솔 그림자
귀퉁이 떡바위로 맑은 이슬 내려앉자
청아한 두루미 울음 잠든 진리 깨우네

＊鶴唳庭松(학려정송)－학이 우는 뜰의 소나무

月明松影疏(월명송영소) 달은 밝은데 성긴 소나무 그림자
露冷庭隅淨(노랭정우정) 맑은 이슬에 뜰 모퉁이 깨끗하구나
一聲淸夜唳(일성청하려) 맑은 밤 학이 우는 한 소리에
令人發深省(영인발심성) 사람들로 하여금 깊은 깨달음 일게 하네

제20영. 麝眠園草(사면원초)

미풍이 간질이니 풀잎은 연두 띠로
정원은 따스하고 사향노루 잠이 드네
스스로 길들이려면 송곳니는 감추게

* 사향노루(musk deer): 소목 사슴과에 속하는 탄탄한 몸집의 작은 사슴이다. 시베리아에서 히말라야 산맥에 이르는 산악지대에서 단독생활을 하거나, 쌍으로 살고 있다. 겁이 많은 편이며 시각과 청각이 매우 예민하다. 큰 귀에 꼬리는 아주 짧고 뿔은 없고, 사슴과(科) 동물들과는 달리 담낭이 없다. 모피가 회갈색이고, 털이 길고 거칠다. 초식성으로 나뭇잎, 이끼, 풀 등을 먹는다. 수컷은 배에 사향주머니를 가지고 있고, 이 주머니에 든 사향은 향수나 비누의 원료 및 약재로 귀하게 쓰인다. 한국에서는 1968년 천연기념물 제216호로 지정하여 보호하고 있다. 멸종위기 야생생물 I급, 국가적색목록 위급(CR)이다. 학명은 Moschus moschiferus parvipes HOLLISTER이다. '궁노루'라고도 한다(다음백과 발췌 보완).
* 麝眠園草(사면원초)–사향노루 잠드는 뜰의 풀숲

風微書帶綠(풍미서대록) 작은 바람에 초록빛 서류를 꾸미는데
園暖麝香眠(원난사향면) 따뜻한 정원에 향기로운 사향노루 잠이 드네
幸渠自馴擾(행거자순우) 깊고 넓은 은혜로 스스로 길들여 움직이니
非我是神仙(비아시신선) 나는 이것이 신선이 아닌가 하네

제21영. 水上錦雞(수상금계)

털빛이 찬란한 즉 봉황도 저리 가라
연못에 잠길 때면 관람객 박수치나
금계(錦鷄)는 나무에 앉아야 그 진가가 발휘돼

---

* 금계(錦鷄) : 꿩과에 속한 새. 날개 길이는 18~20cm. 수컷의 꽁지는 60cm 정도이며, 머리털이 황금색이다. 뒷목에 황갈색과 암녹색의 장식깃이 있어 매우 아름답다. 암컷은 엷은 갈색이다. 학명은 Chrysolophus pictus이다. 중국에서는 준의(鵔鸃)라 한다. 준의의 '의(鸃)'에 '의(義)'자가 들어간대서 오륜(五倫) 중 '군신유의(君臣有義)'에 연결 지었다. 흔히 봉황과 비슷하게 생겼다 하여 임금을 상징하기도 한다. 大君이라야 기를 만큼 귀한 새이다(필자 주).
* 水上錦雞(수상금계)–물 위의 금계

寧憂濕毛翰(영우습모한) 어찌 금계의 털이 젖는 걸 근심할까
最好看浮沈(최호간부침) 물에 잠겨 움직이니 가장 사랑하여 바라보네
沈時思水底(침시사수저) 잠길 때마다 물의 바닥을 생각하면
浮處擬波心(부처의파심) 떠있는 곳이 물결의 중심인가 의심하네

제22영. 籠中華鴿(롱중화합)

구구 운 집비둘기 재주를 뽐내느냐
사람을 잘도 따라 어여쁨 차지해도
새장 속 갇혀 있으니 참 자유는 없으리

＊籠中華鴿(롱중화합)－새장 속의 화려한 집비둘기

功在傳書日(공재전서일)　공로가 있어 이왕에 문장으로 전하니
能多克敵年(능다극적년)　능력이 많아 나이에 맞서 참고 견디네
爾本微物耳(이본미물이)　너는 본래 미물이라 들었는데
依人人自憐(의인인자련)　사람을 따르니 사람들 절로 어여삐 여기네

제23영. 琉璃石(유리석)

투명한 유리(琉璃)돌은 속에도 티 안보여
청렴한 당신 지조 밖으로 드러나면
모난 맘 깊이 감추고 둥글둥글 살게나

＊琉璃石(유리석)－유리석

淸瑩中無玷(청영중무점)　맑고 투명하여 속에는 티가 없으니
廉隅外可觀(렴우외가관)　청렴한 절조가 밖으로 나타나 보이네
所以托高契(소이탁고계)　이런 까닭에 고상한 약속 맡기시니
長承帶笑看(장승대소간)　늘 받들어 웃음 띠고 바라보네

제24영. 硨磲盆(차거분)

물결에 침식된 채 수만 년 지난 옥돌
다듬고 갈아내니 군자의 진면목이
농익은 울창주(鬱鬯酒) 석 되 그 동이에 담아요

---

* 울창주 : 기장으로 빚은 술에 삶은 울금초(鬱金草)를 섞어서 만든 술이다. 울금초의 향내가 독특하여 국가의 최고 제례인 종묘 제향에서 선왕의 체백을 부를 때 사용하였다. 제향 때는 이(彝)라 부르는 술항아리에 담아서, 용찬(龍瓚)이란 술잔에 채워 땅에 부었다. 신을 부르는 것을 관지(祼地, 灌地)라고 하였다. 종묘 제사를 주관하는 것을 주창(主鬯)이라 부를 정도로, 제향을 대표하는 상징이다(위키 실록사전).
* 硨磲盆(차거분)−옥돌 동이

濕生應自古(습생응자고) 습한 곳에서 나와 스스로 멋스럽게 응하니
波齧幾經年(파설기경년) 물결에 침식되기 몇 년이나 지났나
衆人好雕琢(중인호조탁) 여러 사람들이 아름답게 다듬고 조각하니
君子貴天然(군자귀천연) 군자의 귀중한 천연이로다

제25영. 梔子花(치자화)

가련해 흰 꽃향은 정든 님 치자(梔子)로고
귀여워 여린 열매 황옥으로 달렸는데
한 무리 새파란 잎은 눈과 서리 견디네

---

* 梔子花(치자화)－치자꽃

子愛黃金嫩(자애황금눈)· 귀여운 열매는 누런 금빛으로 여리고
花憐白玉香(화련백옥향) 가련한 저 꽃은 흰 옥빛으로 향기롭네
又有歲寒葉(우유세한엽) 또한 한 겨울에도 잎이 많으니
青青耐雪霜(청청내설상) 푸르른 빛으로 눈과 서리를 견디네

제26영. 傲雪蘭(오설란)

오만한 자태 보라 눈에도 굴치 않아
새색시 분향(粉香)조차 난(蘭) 앞에 맥을 못 춰
소심(素心) 혀 잔뜩 뽐낼 제 꺾고 싶은 질투여

---

* 오설란은 난 종류가 아니라 눈 속에서 도도하게 피는 것을 상징적으로 일컫는 말이다.
* 소심란(素心蘭) : 꽃 혀(설판)에 점이 없고, 색이 순수한 난을 말한다. 보통 흰 것을 가리킨다. 소심이란 소박한 마음, 또는 평소에 품은 마음 등을 뜻한다.
* 傲雪蘭(오설란)-오설란

彈入宣尼操(탄입선니조) 공자는 곡조를 연주하여 빠져들고
紉爲大夫佩(인위대부패) 대부의 패(신표, 노리개)에 난을 새기네
十蕙當一蘭(십혜당일란) 하나의 난초가 열의 혜초와 맞서니
所以復見愛(소이복견애) 그로써 다시 보고 사랑하리라

* 宣尼(선니) : 漢(한)나라 平帝(평제) 때 공자를 褒成宣尼公(포성선니공)으로 追諡(추시)했다. 孔子가 衛(위)에서 魯(노)로 돌아 올 때에, 隱谷中(은곡중)에서 香蘭(향란)이 홀로 무성함을 보고. "蘭(난)은 마땅히 王者(왕자)의 香(향)이 되어야 할 것인데, 이에 홀로 茂盛(무성)하여 衆艸(중초)와 더불어 雜處(잡처)하여 있는가?"라 탄식하였다고 한다.
* 紉(인) : 꿰맬 인, 새끼 꼴 인.
* 佩(패) : 찰 패.

제27영. 萬年松(만년송)

꿋꿋이 섰다면야 목재로 베일 터니
틀어져 꾸물대는 곱사등이 소나무여
만년을 제대로 살려면 수모 참고 견디세

---

* 직목선벌(直木先伐) 감정선갈(甘井先竭) : 곧게 자란 나무가 먼저 베이고, 맛이 달콤한 우물물이 먼저 마른다. 유용한 탓에 해를 당하고, 생명력을 상실하는 것이다. 장자(莊子) 외편(外篇) 산목장(山木章) 무무용지용(無用之用) 참고,
* 등 굽은 소나무가 선산을 지킨다(한국 속담).
* 아! 대군이나 이 한시를 쓴 매죽헌 선생도 다 같이 꿋꿋이 절개 지키다 처형당했으니, 사람의 운명이란 참으로 아이러니한 것이다. 성삼문의 '이 몸이 주거 가셔' 시조 종장. "백설이 만건곤하니 독야청청(獨也靑靑) 하리라"(청구영언).
* 萬年松(만년송)－만년송

今年長一寸(금년장일촌) 올해에 한 마디 늘어나고
明年長一寸(명년장일촌) 내년에도 한 치가 늘어나네
維其不速成(유기불속성) 이에 빠르게 우거지지 않으니
是以年至萬(시이년지만) 이로써 세월은 만에 이르렀네

제28영. 四季花(사계화)

꽃과 잎 아름다워 사철이 따로 없어
진향이 만연하니 향수로 뽑아 쓰고
잘 익은 빨간 열매는 백팔염주 만들래

---

* 사계화 : 장미과에 속한 낙엽 활엽 관목이다. 줄기에 가시가 나 있고, 잎은 깃 모양의 겹잎이며 가장자리에 톱니가 있다. 5월부터 가을까지 붉은색, 흰빛이 나는 노란색 꽃이 피고, 가을에 둥근 열매가 붉게 익는다. 월계화(月季花), 장춘화(長春花)라고도 한다. 소쇄원사십팔영 중 제 35영 '사첨사계' 참조.
* 제 37영에 '만가장미(滿家薔微)'가 있는데, 그건 줄장미(덩굴장미)로 보인다.
* 여적(餘滴) : 15세기 조선의 재기발랄한 젊은 학자와 21세기 고희가 넘은 무명의 글쟁이가 시공을 초월해 주고받는 대화는 어떤가? 관점의 차이일 뿐, '아름다움'을 묘사하려는 욕망은 서로가 같지 않을까? 다시 600년이 지난 다음의 후학(後學)은 또 어떻게 느끼고 표현할까?
* 四季花(사계화)－사계화

春開看亦好(춘개간역호)　봄에 피었을 때 보아도 아름답고
夏開看亦好(하개간역호)　여름에 피었을 때 보아도 아름다우며
秋冬亦如此(추동역가차)　가을과 겨울에 피었을 때도 또한 여전하니
與爾終偕老(여이종해로)　내 너와 더불어 끝까지 함께 늙어 가리라

제29영. 百日紅(백일홍)

아침에 피었어도 저녁은 더 붉어져
정념을 불태우니 술잔은 홍옥(紅玉)으로
백일 간 사랑했으니 여한이야 없겠지

---

* 백일홍 : 초롱꽃목 국화과에 속하는 원예식물이다. 원래 멕시코의 잡초였으나, 원예종으로 개량·보급되었다. 북아메리카가 원산지이며 배수가 잘 되고 부식질이 많은 참흙에서 잘 자란다. 크기는 약 50~90cm이다. 꽃은 6~10월에 줄기 끝에서 지름이 5~15cm쯤 되는 두상꽃차례를 이루어 피는데, 100일 정도 피므로 백일홍이라 한다. 조선시대에 쓰여진 기록에 나오는 '초백일홍'이란 식물이 백일홍과 같은 것이라 여기고 있으나, 언제부터 한국에서 심기 시작했는 지는 정확하지 않다(다음백과 인용).
* 百日紅(백일홍)－백일홍

昨夕一花衰(작석일화쇠) 어제 저녁에 꽃 하나 지더니
今朝一花開(금조일화개) 오늘 아침 꽃이 하나 피었네.
相看一百日(상간일백일) 서로 바라보며 일백일이라
對爾好銜杯(대이호함배) 사랑하는 너를 대하여 잔을 받드네

제30영. 金錢花(금전화)

탐욕을 부추긴 돈 하룻밤 못 넘기나
꽃 보면 눈과 마음 저절로 맑아지니
엽전도 황금이 되면 내 덕인 줄 여기게

---

* 金錢花(금전화) : 여러해살이풀이다. 잎은 피침형으로 여름, 가을에 꽃이 액생(腋生)한다. 낮에 피었다가 다음 날 새벽에 이울어짐. 높이는 60cm 정도이고 어긋나 있다. 엷은 황색의 꽃이 피는데 관상용이며 인도, 미얀마에 많이 자생한다. 학명은 Pentapetes phoenicea이다. 자오화(子午花), 오시화(午時花)라고도 한다. 생약명은 노지국(鹵地菊)이며 황숙화(黃熟花), 금불초(金佛草), 선복화(旋覆花) 등으로 불린다.(익생양술대전 참조)
* 金錢花(금전화)-금전화

我愛金錢花(아애금전화) 나는 금전화를 사랑하나니
對之淸心目(대지청심목) 마주하면 마음과 눈이 맑아지네
如何孔方兄(여하공방황) 어찌하여 엽전은 하물며
一見令人慾(일견령인욕) 한 번 보면 사람들이 욕심을 내는가

제31영. 拒霜花(거상화)

향 뱉는 연꽃이야 흙탕에 자라지만

목부용(木芙蓉) 땅이 터전 팔월에 활짝 필 터

서리에 대드는 강단(剛斷) 군자인들 당하리

---

* 목부용 : 화단이나 길가에 심어 기르는 '풀'의 성질을 가진 떨기나무이다. 줄기는 높이 1~3m, 잎이 다 져도 겨울에는 마른 상태로 남는다. 가지에 별 모양 털과 샘털이 난다. 잎은 어긋나고, 오각상 둥근 심장형이며 3~7갈래로 얕게 갈라진다. 꽃은 8~10월에 피며 잎겨드랑이에 1개씩 달린다. 연한 붉은색이 대부분이며 지름 10~13cm이다. 열매는 삭과로 둥글고, 지름 2.5cm쯤이며 긴 털이 난다. 우리나라 전역에 식재하고, 중국이 원산지이며 관상용으로 이용한다. 지부용, 부용마, 산부용, 부용엽 등으로 불린다.
  출처 : 국립생물자원관 생물다양성정보, 한반도 생물자원 포털(SPECIES KOREA) 발췌 수정.
* 拒霜花(거상화)–목부용 꽃

  最愛木芙蓉(최애목부용) 가장 사랑하는 목부용 연꽃
  儼然君子容(엄연군자용) 엄연한 군자의 모습이로다.
  雪霜非所畏(설상비소외) 눈과 서리도 두려워하지 않는 바
  還似在泥中(환사재니중) 도리어 진흙 속에 있는 걸 닮았구나

제32영. 映山紅(영산홍)

땅딸막 일본 철쭉 귀족이 좋다 하네

벗님과 책 읽다가 꽃잎에 머물다가

여인에 어렵풋 취해 기모노[着物]을 벗기리

---

* 영산홍 : 일본에서 자라는 철쭉의 한 종류인 사쓰끼철쭉(サツキツツジ)을 기본종으로 하여 개량한 철쭉의 원예품종 전체를 일컬어, 우리나라와 중국에서는 '영산홍(映山紅)'이라고 한다. 일본에서는 이 이름을 거의 쓰지 않는다. 그들은 《만엽집》에 산철쭉이 등장할 만큼, 오래전부터 심고 가꾸어 온 전통 꽃나무다. 오랫동안 산철쭉으로만 알아오다가 에도시대(1603~1867)에 오면서, 비로소 산철쭉과 사쓰끼철쭉을 따로 구분하여, '5월의 철쭉'이란 이름으로 사쓰끼철쭉을 표기하기 시작했다. 어디까지나, 일본인들의 꽃이었던 이 꽃나무는 강희안의 《양화소록》에서, 보다 상세한 전래기록을 찾을 수 있다. "세종 23년(1441) 봄, 일본에서 일본철쭉 두어 분을 조공으로 보내왔다. 대궐 안에 심어두고 보았는데, 꽃이 무척 아름다웠다. 이 철쭉은 중국의 최고 미인 서시(西施)와 같고, 다른 철쭉은 못생긴 여자의 대표인 모모(嫫母)와 같다"라고 하여, 일본에서 보내온 꽃의 아름다움을 강조했다(우리나무의 세계 1, 박상진 교수 기록 발췌).
* 映山紅－(영산홍)

昔與二三子(석여이삼자) 옛날에 두 세 사람과 함께
讀書天寶山(독서천보산) 천보산에서 글을 읽었다오
爛熳照醉眼(난만조취안) 밝게 빛나는 빛을 취한 눈으로
依俙當日看(의희당일간) 어슴푸레 우거진 햇살 대하 듯 바라보네

제33영. 安石榴(안석류)

석류 맛 새큼달큼 페르샤 공주여라
꽃 본 뒤 자란 루비 눈 또한 즐거우니
단박에 깨물고 삼켜 적선(謫仙)에서 풀려나

---

* 안석류 : 안석국(페르시아 지방)에서 가져 왔다하여 '안석류'라 불렀으나, 지금은 그냥 '석류'라 한다. 서아시아, 인도 북부가 원산지다. 중국 한(漢)나라 때 장건(張騫)이 실크로드를 개척하면서 가져왔다고 전한다. 우리나라는 중국을 거쳐 들어왔다. 여성미용과 기관지, 폐 질환에 유효하다. 꽃말은 원숙미, 자손번영, 전성 등이다.
* 적선(謫仙) : ① 벌을 받아 인간 세계로 내려온 선인. ② 이백'을 칭송하며 높여 이르는 말. ③ 아주 뛰어난 시인을 비유적으로 이르는 말이다.
* 돈오(頓悟) : 불교의 참뜻을 문득 깨닫는 것. 대번에 뛰어서 구극(究極)의 깨달음에 이르는 것을 뜻한다(문화콘텐츠진흥원).
* 安石榴(안석류)－석류

看花還食實(간화환식실) 꽃을 바라본 뒤 다시 열매를 먹으려니
色味喜雙全(색미희쌍전) 빛깔과 맛 둘 다 온전하여 기쁘구나
照眼令無俗(조안령무속) 눈이 부셔도 범속하지 않고
流牙覺欲仙(류아각욕선) 거침없이 깨무니 신선되려는 걸 깨닫네

제34영. 凌霜菊(능상국)

서리를 맞았어도 향기는 남아있지
중양절 황국(黃菊) 먹고 한 오백년 살려거든
뭇 꽃에 앞서지 말고 시건방을 떨지 마

---

* 진정한 군자는 남보다 앞서려 들지 않고, 무리(衆人), 잡초(民草)와도 잘 어울린다. 국화는 노란 색이 으뜸이며 구절초를 비롯해 중양절(음력 9월 9일)에 뜯는 게 좋다(필자 주).
* 凌霜菊(능상국)-서리가 범한 국화

嘗聞飧菊者(상문손국자) 일찍이 듣기를 국화를 먹는 사람은
壽可五百年(수가오백년) 목숨이 가히 오백 년이라네
所愛或異此(소애혹이차) 사랑하는 것은 혹여 이와 다르니
不競衆芳先(불경중방선) 뭇 꽃들과 앞서려고 다투지 않음이라

제35영. 梧桐葉(오동엽)

오동은 잘도 자라 잎사귀 가지런해
여름날 짙은 그늘 청풍을 감싸주고
봉황이 깃들라 치면 쌍무지개 뜨느니

---

* 오동잎은 활엽수 잎 중 가장 크다. 나무도 쓰임새가 많다.
* 梧桐葉(오동엽)-오동나무 잎

手植梧桐樹(수식오동수) 손수 오동나무를 심어놓으니
春來綠葉齊(춘래록엽제) 봄이 되자 푸른 잎이 가지런 하구나
何時成老大(하시성노대) 언제 때맞추어 크고 오래 되어
枝上鳳來棲(지상봉래서) 가지 위에 봉황이 와서 깃들려는지

제36영. 飜階芍藥(번계작약)

진하오 빨강 보살 한량을 꼬시려 해
벌 나비 투정하자 속적삼 벗어 버려
섬돌에 나부낀 함박 목단쯤은 비켜라

---

* 작약과 목단은 잎과 꽃이 비슷해도, 엄연히 다르다. 식물분류학상 전자는 초본(草本)이고, 후자는 목본(木本)이다. 작약 뿌리는 한약재로 곧잘 쓰인다. 흰 작약은 산삼만큼 귀하다.
* 飜階芍藥(번계작약)–섬돌에 나부끼는 함박꽃

我似維楊俗(아사유양속) 나는 양주(揚州)의 풍속을 닮아
看花異洛陽(간화이낙양) 꽃을 바라봄이 낙양사람들과 다르다네
牧丹品雖貴(목단품수귀) 목단의 품격이 아무리 귀하다 한들
應是未爲王(응시미위왕) 응당 꽃 중의 왕이라 여기지 못하리라

* 유양(維揚) : 좁게는 현재의 강소성 양주시(揚州市)를 말한다(문화콘텐츠진흥원). 옛날에는 지금의 절강성, 강서성, 복건성 일대를 통칭하는 말이었다(유영봉 교수 역주 참조). 원전 楊자는 揚자의 오류로 보인다.

제37영. 滿家薔薇(만가장미)

집안을 풍미(風靡)하군 꽃송이 가득 메워
동쪽 담 올라타고 두리번댄 옛 임아
장미에 가시 있으니 여색(女色) 만은 경계해

---

* 모든 사물은 양면성이 잇다. 긍정과 부정! 제28영에 '사계화(四季花)'를 미리 읊었다.
* 滿家薔薇(만가장미)–집에 가득한 장미

墻頭耀初日(장두요초일) 담장 머리에 조용히 햇살이 빛나니
杯底蘸新粧(배저잠신장) 술잔 담그길 그치고 새로이 단장하네
因思騎竹馬(인사기죽마) 죽마를 타던 마음을 이어받아
偸折過東墻(투절과동장) 훔쳐 꺾고는 동쪽 담장을 넘어가네

제38영. 輕盈玉梅(경영옥매)

찬바람 몰아칠 제 겹겹이 피는 옥매(玉梅)
가연(佳緣)은 어찌 하고 눈 속에 뒹구는가
한평생 춥게 지낼망정 향기만은 팔지 마

---

* 옥매는 설중사우(雪中四友)의 하나이다.
* 輕盈玉梅(경영옥매)–한들한들 예쁜 옥매화

最愛荼蘼白(최애도미백) 가장 사랑하는 건 도미의 흰색인데
東人命玉梅(동인명옥매) 동쪽 사람들은 옥매라 이름 졌네
取他眞意在(취타진의재) 그를 취함은 참된 뜻이 있으니
何必雪中開(하필설중개) 무슨 필요가 있어 눈 속에서 피는가

* 荼蘼(도미) : 國俗(국속, 나라 풍속)에 이것을 玉(옥매)라고 한다.

제39영. 忘憂萱草(망우훤초)

하지(夏至) 날 담장 아래 원추리 무성하니
노랑꽃 향내 솔솔 모친도 즐겁다네
장부여 흔쾌히 살려면 온갖 근심 잊게나

---

* 원추리는 글자 글대로 '근심을 잊게 하는 풀'이다. 사람은 일어나지도 일을 두고, 평생 백 가지 근심을 안고 산다.
* 忘憂萱草(망우훤초)-근심을 잊게 하는 원추리

爲善最可樂(위선최가락) 착하게 됨은 가히 가장 즐겁고
樂哉何所憂(락재하소우) 즐거운데 어찌 근심이 있으리오
言樹北堂外(언수북당외) 북당(어머님 방) 밖에 잘못 심으니
悠悠空度秋(유유공도추) 아득히 멀리 헛된 근심을 깨닫네

제40영. 向日葵花(향일규화)

태생이 재능없어 분수를 못 지키나
해바라기 바라보면 왠지 마음 끌린다네
내 비록 시류 따르지만 중심만은 지키리

---

* 向日葵花(향일규화)-해를 향하는 해바라기

衛足非無智(위족비무지) 분수를 지키며 재능이 없지 않으니
傾心似有忠(경심사유충) 기운 마음은 충심이 있어 보이네
見爾能不勵(경이능불려) 너를 봄에 응당 권면하지 못하고
而余抱降衷(이여포강충) 너와 나 함께하는 속마음 지키리라

제41영. 窓外芭蕉(창외파초)

창밖은 운기생동(韻氣生動) 너덜댄 파초 잎에
후두두 때린 비는 시 짓기 재촉해도
남국은 사모(思慕)치 말라 괜한 향수(鄕愁) 일으켜

---

* 파초는 십군자(十君子) 중 하나이다. 초허(超虛) 김동명(金東鳴, 1900~1968의 시 '파초'. 남국을 언제 떠났노/파초의 꿈은 가련하다/남국은 불타는 향수/너의 넋은 수녀보다도 더욱 외롭다(이하 생략).
* 窓外芭蕉(창외파초)−창밖의 파초

漸覺吟哦慣(점각음아관) 점점 깨달아 시를 읊조림에 익숙하여
無煩頃刻成(무번경각성) 번잡함 없이 잠시 모질게 이루었네
滴滴窓外雨(적적창외우) 떨어지는 물방울 창밖에 비 내리니
催詩不停聲(초시부정성) 시를 재촉하는 소리 멈추지 않는 구나

제42영. 三色桃(삼색도)

연이어 꽃 피어도 색깔은 다를 진저
세 종류 군상(群像) 보라, 삼색도(三色桃) 옹기종기
속세도 이와 같으니 꿈속에서 즐기세

* 삼색도 : 한 나무에 세 가지 꽃이 피는 복숭아나무. 빨강, 하양, 흰색 바탕에 빨간 무늬, 인간군과 흡사하다. 대군은 후일을 예감이라도 했을까? 그걸 보고 혹, 몽중애상(夢中哀傷)이라도 당했을까? 꿈속에서 입은 슬픈 상처여!
* 三色桃(삼색도)－세 가지 꽃이 피는 복숭아

花因先後發(화인선후발) 꽃이 연달아 앞뒤로 피어나니
色有淺深分(색유천심분) 넉넉한 빛은 얕고 깊음 구별하네
元非三樣別(원비삼양별) 세 종류로 나눔은 처음은 아니지만
世俗徒云云(세속도운운) 속세의 인간들 무리지어 일컫네

제43영. 玉簪花(옥잠화)

쪽머리 백옥자태 나라도 기울만 해
옥잠화(玉簪花) 코에 대면 뼈마디 녹아내려
호한(好漢)아 옥비녀 뽑아 붓도랑에 던져라

* 기우는 건 나라 국[國] 인가? 나[我] 인가?
* 玉簪花(옥잠화)－옥비녀 꽃

嫣然傾國色(언연경국색) 아름다운 교태 나라를 기울일 모양이니
膏沐爲誰容(고목위수용) 기름진 머리감고 누굴 위한 용모인가
我亦剛腸者(아역강장자) 나 또한 마음이 강직한 놈이지만
看來意已融(간래의이융) 한 번 본 뒤엔 이미 풍정에 녹아드네

제44영. 藤蔓老松(등만노송)

상록수 칭칭 감은 얄미운 등나무야
노송에 붙어살며 남의 땅 갉아먹나
청년아 주눅 들지 마 재기발랄(才氣潑剌) 하여라

---

* 상록수 : ① 심훈(沈熏, 1901~1936)이 지은 장편소설로, 농촌 계몽운동을 하는 남녀의 순결한 애정과 계몽을 위한 헌신적 의지가 담겨져 있다. ② 김민기가 작사·작곡하고, 1978년 양희은이 불러 취입한 대중가요다. 음반용으로 보다 민주화운동 과정에서 민중가요로 널리 향유된 노래이다. "~거치른 들판에 솔잎 되리라"(이하 생략)
* 심모원려(深謀遠慮) : 깊이 고려하는 사고와 멀리까지 내다보는 생각을 이른다(손자병법).
* 藤蔓老松(등만노송)－등나무 감긴 노송

有松立不倚(유송입불의) 어떤 소나무든 똑바로 서서 의지하지 않는데
有藤來附之(유등래부지) 등나무 독차지하 듯 와서 붙어사는 구나
藤蔓無冬綠(등만무동록) 등나무 덩굴은 겨울에는 푸르지 않지만
松枝靑四時(송지청사시) 소나무 가지는 사계절 푸르구나.

제45영. 蜀葡萄(촉포도)

달다오 검정 구슬 촉나라 포도라오
술 빚어 근심 풀고 주붕(酒朋) 님 불러 모아
창기들 옆에 끼고서 장진주(將進酒)를 부르리

---

* 촉나라 포도 : 중국 사천성산(四川省産) 포도를 말한다. 예전 수차례 여행하면서 먹어 보았다. 알이 작고 촘촘히 달렸으며 홍갈색을 띤다. 지금 종류로 홍이슬이나 리재맷(rizamat) 계통이 아닐까 추정한다.
* 장진주(將進酒) : 당의 이백이 지은 명문 악부곡이다. 일명 권주가(勸酒歌)라 한다. 君不見(군불견) 그대는 보지 못했는가? 黃河之水天上來(황하지수천상래) 황하의 물이 하늘에서 내려와…(이하 생략)
* 蜀葡萄(촉포도)－촉나라 포도

吾聞黑水晶(오문흑수정) 내가 듣기로 빛깔 검은 수정으로(포도)
作酒消千憂(작주소천우) 술을 빚으면 온갖 근심이 사라지네
誓無將一滴(서무장일적) 맹세코 단 한 방울의 술이라도
換取百涼州(환취맥량주) 백 번 양주사와 바꾸어 가지리라

* 千憂(천우) : 갖가지 모든 근심
* 涼州(양주) : 涼州詞(양주사), 왕한(王翰/당)이 지은 포도주에 관한 악부시. 葡萄美酒夜光杯(포도미주야광배) 포도주 좋은 술을 야광잔에...초당칠절(初唐七絶)에 들며, 서역(西域) 제1의 명시다!

제46영. 盆池菡萏(분지함도)

오목한 연못에는 꽃망울 가득한데
사시(巳時) 때 범종 울려 한꺼번에 터지누나
백련(白蓮)만 약이 될 터니 눈 부릅떠 찾게나

* 사시예불(巳時禮佛) : 사찰에서는 매일 사시(巳時, 9~11시)에 예불을 드리는데, 10시에 시작하는 게 보통이다. 이때 마지(摩旨 : 부처님께 올리는 밥)가 올려지므로 사시마지(巳時摩旨)라고도 한다. 연꽃도 이 때쯤 발향하지만, 향이 깨끗하기로는 새벽이 제일이다. 차(茶)와 식용은 백련만 쓴다.
* 菡萏(함도) : 연꽃망울을 이른다. 어려운 한자이다.
* 盆池菡萏(분지함도)－오목한 연못의 연꽃 봉오리

淸淸又淺淺(청청우천천) 맑고 고요하며 또한 얕고 엷은
白白兼紅紅(백백겸홍홍) 희고 깨끗하며 아울러 붉고 붉구나
爾來數百載(이래수백재) 네가 온 지 수백 년인데
復遇濂溪翁(복우렴계옹) 다시 보니 염계옹이로구나

* 濂溪(염계) : 송나라 周敦頤(주돈이, 1017~1073)의 호, 자는 茂叔(무숙)이다. 蓮花峰(연화봉) 아래에 집을 짓고 은거함. 江西省(강서성) 廬山(여산) 개울가에 집을 짓고 살면서, 그 개울을 염계라 하고, 스스로를 그리 부른 데서 비롯되었다. 평생 연꽃을 좋아하여 명문 愛蓮說(애련설)을 지은 것으로 유명하다.

제47영. 木覓晴雲(목멱청운)

목멱산(木覓山) 또렷하라 도읍의 진주입네
새벽에 주역 읽고 남창(南窓)에 기대 졸다
산허리 구름 개이니 한강 돛배 점점이

---

* 木覓晴雲(목멱청운)−구름이 갠 목멱산(남산)

盥櫛坐淸晨(관즐좌청신) 씻고 머리 빗고 맑은 새벽에 앉아서
焚香讀周易(분향독주역) 향을 사르며 주역을 읽는다네
讀罷倚南窓(독파의남창) 읽기를 마치고 남쪽 창에 기대니
山腰一帶白(산요일대백) 산허리엔 잠시 흰 빛을 두르네

제48영. 仁王暮鐘(인왕모종)

어질게 살았다면 무슨 미련 있겠소
책상에 기댄 인왕(仁王) 거문고 켜는 찰나
뎅그렁 저녁 종소리 내 눈꺼풀 울리네

---

* 인왕 : 인(仁)의 덕이 높다는 의미를 지닌 붓다의 명호를 가리키는 불교교리. 인왕경 참조.(한학국민족문화대백과사전). 인왕산은 서울의 내사산(內四山)으로, 서쪽을 진호하며 백호를 상징한다.
* 아! 영웅도 사라지고, 민초도 사라진다. 大君도 가고, 나도 간다! 이로서 막을 내린다.
* 仁王暮鐘(인왕모종)−인왕산의 저녁 종소리

日落仁王洞(일락인왕동) 해 떨어진 인왕산 골짜기
鍾聲報有期(종성보유기) 종소리가 기약 있음을 알리네
隱几自無事(은궤자무사) 책상에 기대니 스스로 일도 없어
滿城人定時(만성인전시) 성에 가득한 사람들 때맞춰 편안하구나

2-7. 소쇄원사십팔영(瀟灑園四十八詠)-속명승보 14 (2020. 3. 17)

-김인후 발제에 대한 화답

제 1 영. 小亭憑欄(소정빙란)
제 2 영. 枕溪文房(침계문방)
제 3 영. 危巖展流(위암전류)
제 4 영. 負山鼇巖(부산오암)
제 5 영. 石逕攀危(석경반위)
제 6 영. 小塘魚泳(소당어영)
제 7 영. 刳木通流(고목통류)
제 8 영. 舂雲水碓(용운수대)
제 9 영. 透竹危橋(투죽위교)
제10영. 千竿風響(천간풍향)
제11영. 池臺納凉(지대납량)
제12영. 梅臺邀月(매대격월)
제13영. 廣石臥月(광석와월)
제14영. 垣竅透流(원규투류)
제15영. 杏陰曲流(행음곡류)
제16영. 假山草樹(가산초수)
제17영. 松石天成(송석천성)
제18영. 遍石蒼蘚(편석창선)
제19영. 榻巖靜坐(탑암정좌)
제20영. 玉湫橫琴(옥추횡금)
제21영. 洑流傳盃(복류전배)
제22영. 床巖對棋(상암대기)
제23영. 脩階散步(수계산보)
제24영. 倚睡槐石(의수괴석)
제25영. 槽潭放浴(조담방욕)
제26영. 斷橋雙松(단교쌍송)
제27영. 散崖松菊(산애송국)
제28영. 石趺孤梅(석부고매)
제29영. 夾路脩篁(협로수황)
제30영. 迸石竹根(병석죽근)
제31영. 絶崖巢禽(절애소금)
제32영. 叢筠暮鳥(총균모조)
제33영. 壑渚眠鴨(학저면압)
제34영. 激湍菖蒲(격단창포)
제35영. 斜簷四季(사첨사계)
제36영. 桃塢春曉(도오춘효)
제37영. 桐臺夏陰(오대하음)
제38영. 梧陰瀉瀑(오음사폭)
제39영. 柳汀迎客(류정영객)
제40영. 隔澗芙蕖(격간부거)
제41영. 散池蓴芽(산지순아)
제42영. 櫬澗紫薇(친간자미)
제43영. 滴雨芭蕉(적우파초)
제44영. 映壑丹楓(영학단풍)
제45영. 平園鋪雪(평원포설)
제46영. 帶雪紅梔(대설홍치)
제47영. 陽壇冬午(양단동오)
제48영. 長垣題詠(장원제영)

* 소쇄원사십팔영 : 소쇄원을 처음 조성한 양산보의 사돈 하서(河西) 김인후(金麟厚, 1510~1560)가 1548년경 읊은 오언절구 한시 48수를 말한다. 12영(詠)씩 4단락으로 구성되었다. 1단은 서사(序詞)이고, 2단과 3단은 '소쇄선경'에서 한가롭게 자연을 즐기고 관조하는 정경을 그렸다. 4단은 결사(結詞)로 태평성세를 기원하면서, 소쇄옹 가문의 번영을 축원하고 있다. 48이라는 숫자는 뜻이

있다. 주역에 육효가 일괘(一卦)인데, 팔괘(八卦)의 효(爻)는 48(6X8)이다. 이는 우주만상의 변화와 상생의 이치가 모두 들어 있다. 연작 서경시(敍景詩)로 계절로는 여름이 제일 많다(네이버블로그 목마 일부 참조). 한시자료는 다음카페 '5·18 구속자회 광주시 지부' 샘이 깊은 물에서 인용 수정함(2009. 4. 15). 다음카페 에세이스트. 다음카페 안산시흥 국어국문학과 등을 참고했다. 풀이 자료는 대부분 '여행, 바람처럼 흐르다(글쓴이 무심재)'를 인용하고, 일부는 수정했다.

* 순수 경시(景詩)로는 조선시대 제1의 걸작이다. 쌍벽을 이루는 서울의 '비해당 사십팔영'은 경내 식물, 동물, 완물(玩物) 등을 주된 소재로 성삼문 등 집현전 학자 5인이 다양한 장르로 참여한데 반해, 여기는 1인만 지었다. 이에 필자도 우리나라 최초로 현대 정격 단시조로 읊되, 선현의 시상(詩想)을 최대한 존중했다. 언필칭(言必稱), 번안(飜案) 시조 또는 개역(改譯) 시조는 결코 아니다.
* 소쇄원(瀟灑園) : 전라남도 담양군 가사문학면 지곡리에 있는 조선시대의 정원이다. 중종 때의 학자 양산보(梁山甫, 1503~1557)가 기묘사화로 스승인 조광조(趙光祖)가 화를 입자. 시골로 은거하면서 지은 별서정원(別墅庭園)이다. 자연미와 구도 면에서 조선의 정원 중에서 최고로 꼽힌다. 2008년 5월 2일 국가명승 제40호로 지정되었다. 지정구역 4,399m^2, 보호구역 11만 7,05m^2 면적이다. 계곡을 중심으로 사다리꼴 형태로 되어 있으며, 기능과 공간의 특성에 따라 애양단구역, 오곡문구역, 제월당구역, 광풍각구역으로 구분할 수 있다. 1530년 조경을 시작하고, 1592년 정유재란 중 건물이 불에 탔다. 1614년 양산보의 손자 천운(1568~1637)이 재건했다. 선비의 고고한 품성과 절의가 엿보이는 아름다운 곳으로, 호남유림의 구심점이도 했다. 양산보의 호 소쇄옹(瀟灑翁)에서 따왔는데. 소쇄라 함은 '기운이 맑고 깨끗함'을 뜻한다(위키백과 발췌 수정). 소쇄원의 배치를 목판(木板)으로 새긴 「소쇄원도(瀟灑園圖)」가 남아 있다.
* 김인후 선생 작시(作詩) 후 472년이 지나, 후학이 처음 정격 단시조로 화답하다.

서시

대발이 시원하군 담양의 정기 받아
하서(河西)가 읊은 풍광 조선 땅 명물인즉
맑고도 단아한 기운 픔에 안고 살리라

제1영. 小亭憑欄(소정빙란)

-작은 정자의 난간에 의지해

난간에 기대서니 소쇄원 다 들어와
쳐들면 바람이 쏴 기울면 물소리 졸
백로는 외다리로 선 채 피라미를 노려봐

제1영 小亭憑欄/김인후

瀟灑園中景(소쇄원중경) 소쇄원의 빼어난 경치
渾成瀟灑亭(혼성만괘정) 한데 어울려 소쇄정 이루었네
擡眸輪颯爽(대모륜풍상) 눈을 쳐들면 시원한 바람 불어오고
側耳聽瓏玲(측이청영롱) 귀 기울이면 구슬 굴리는 물소리 들려라

* 소정은 소쇄정이다. 소쇄원의 입구에서 그리 멀지 않은 곳에 넓은 축대가 있다. 여기에 초가로 작은 정자를 꾸몄다. 그 축대 옆엔 물길을 내어 작은 연못을 만들어 고기를 놓아먹여, 손님이 오면 낚시로 건져 회 안주를 삼았다고 한다. 이 정자는 작고 낮은 데 위치했으나, 소쇄원 전체가 한눈에 들어오는 곳이다. 영롱한 소리는 물소리이면서, 선비가 드나들 때 나는 패옥이 부딪히는 소리이다.
* 삽상(颯爽) : 바람이 시원스럽게 불어서 마음이 매우 상쾌함.
* 측이(側耳) : 귀를 기울여 자세히 들음.
* 영롱(聽瓏) : 패옥이 부딪히는 소리, 광채가 찬란함.

제2영. 枕溪文房(침계문방)

-시냇가의 글방에서

개울가 글방에는 창문이 한층 밝아
책 목록 깔끔하고 족자도 투시(透視)하나
수석에 맑은 글 보여 천지조화 멋지네

窓明籤軸淨(창명첨축정) 창 밝으니 방안의 첨축들 한결 깨끗하고
水石暎圖書(수석영도서) 맑은 수석엔 책들이 비춰 보이네
精思隨偃仰(정사수언앙) 정신 들여 생각하고 마음대로 기거하니
妙契入鳶魚(묘계입연어) 오묘한 계합 천지조화의 작용이라네

* 송시열은 양산보의 행장에서, 김인후가 소쇄원에 묵으면서 지은 시에 산은 보지 못해도 원하면 나무는 본다는 말을 인용하여 김인후와 양산보가 현인군자임을 말하였다.
* 침계문방 : 침계는 건물이 시냇가에 위치하여 마치 시내를 베고 있는 모양을 이르고, 문방은 글방을 뜻함. 지금의 광풍각을 가리킴.
* 첨축(籤軸) : 서첨과 서축. 서첨은 책 겉장에 붙이는 표제 또는 그 표제를 적은 종이고, 서축은 글씨를 적은 족자를 가리킴.
* 언앙(偃仰) : 부침(浮沈), 성함과 쇠함
* 연어鳶魚 : 연비어약(鳶飛魚躍)의 준말. 천지조화의 작용이 오묘함을 이름.

제3영. 危巖展流(위암전류)

-높직한 바위에 펼쳐 흐르는 물

높다란 저 바위는 흐른 물 씻어내고
돌 하나 개천 차지 가운데 잘 다듬어
비탈진 푸른 절벽은 하늘 폭포 방불해

溪流漱石來(계류수석래) 흐르는 물은 바위를 씻어 내리고
一石通全壑(일석통전학) 하나의 돌이 개울에 가득하네.
匹練展中間(필련전중간) 가운데는 잘 다듬어졌으니
傾崖天所削(경애천소삭) 경사진 절벽은 하늘의 작품이로다

* 소쇄원 '계곡의 승경'을 모두 말한 시다. 물의 흐름은 도통의 흐름을 상징한다. 아래로 학문을 해서 상달하는 뜻이 있다. 무이도가의 일곱 번째에서 이런 시상을 알 수 있다. 여기에서 학도의 뿌리가 뻗어 자손 대대로 치지(致知)의 경지인 선계가 될 것을 비는 뜻이 있다.
* 위암(危巖) : 깎아지른 듯이 절벽을 이룬 높은 바위.
* 수석침류(漱石枕流) : ① 풍아(風雅)한 생활을 하다. ② 돌로 양치질하고, 흐르는 물을 베개 삼는다. 실수를 인정하려 들지 않거나, 남에게 지지 않으려고 억지를 부리는 것을 비유하는 말이다. 침류수석(枕流漱石)이라고도 함(고사성어대사전)-필자 주.

제4영. 負山鼇巖(부산오암)

-산을 등지고 있는 거북바위

등 뒤는 산이 겹겹 머리 옆 옥수 졸졸
긴 세월 편히 앉아 묵상에 빠졌으니
얌전한 저 거북바위 신선보다 뛰어나

背負青山重(배부청산중) 등 뒤엔 겹겹의 청산이요
頭回碧玉流(회두벽옥류) 머리를 돌리면 푸른 옥류(玉流)라
長年安不抃(장년안부변) 긴긴 세월 편히 앉아 움직이지 않고
臺閣勝瀛州(대각승영주) 대와 각이 영주산 보다 낫구나

* 소쇄원 북동쪽 담장 밖에는 산을 배경으로 '오암'이 있다. 이곳에서도 소쇄원이 한눈에 내려다 보인다. 그 옆엔 매대가 있고, 저 아래 숲속에 선계처럼 광풍각이 보인다. 제1영에서는 소정을, 2영에서는 공부하는 모습을, 3영에서는 소쇄원의 핵심인 '계곡의 전경'을, 4영에서는 소쇄원의 '모습'을 노래하고 있다.
* 벽옥(碧玉) : 푸른 빛이 나는 고운 옥, 석영의 일종.
* 영주(瀛洲) : 봉래(蓬萊), 방장(方丈) 등과 함께 전설상 삼신산으로 일컫는 신선 세계의 하나.

제5영. 石逕攀危(석경반위)

-위험한 돌길을 더위잡아 오르며

좁은 길 줄을 이어 삼익(三益)이 반기는데
바위 턱 매달리다 위험을 못 봤거늘
속연(俗緣)을 절로 끊으니 밟은 이끼 더 짙네

一逕連三益(일경연삼익) 좁은 길 연달아 매(梅), 죽(竹), 석(石) 삼익(三益)일세
攀下不見危(반하부견위) 바위 턱 매달려 오르다 위험을 보지 못하니
塵蹤元自絶(진종원자절) 속세의 자취를 절로 끊는데 으뜸이라
苔色踐還滋(태색천환자) 이끼는 밟혀도 또다시 짙어지네

* 소식은 매, 죽, 석을 찬양하면서. "매화는 차가워도 빼어나고, 대나무는 여위어도 오래 살고, 돌은 추해도 문기가 있으니, 이것이 삼익의 친우가 된다"라고 하였다.
* 석경(石逕) : 돌이 많은 좁은 길, 또는 돌이 많은 산길.

제6영. 小塘魚泳(소당어영)

-작은 연못에 고기떼 놀고

네모진 작은 연못 한 이랑 못 되는데
맑은 물 좔좔 흘러 물받이 안성맞춤
물고기 내 그림자에 노니 낚싯줄을 거두세

方塘未一畝(방당미일무) 네모진 연못은 한 이랑도 되지 못되나
聊足貯淸猗(료족저청의) 맑은 물받이 하기엔 넉넉하구나
魚戲主人影(어희주인영) 주인의 그림자에 고기떼 헤엄쳐 노니
無心垂釣絲(무심수조사) 낚싯줄 내던질 마음 전혀 없어라

* 물고기와 주인의 화순한 모습을 그렸다. 상류에서 나무홈통으로 뽑아 내린 물이 소정 바로 옆에 있는 작은 연못으로 흘러든다. 여기서 고기들은 주인과 더불어 즐긴다. 물고기가 물을 떠나서 살 수 없 듯, 사람은 '도'를 떠나서 살 수 없다는 관어도(觀魚圖)의 일단이다.
* 청의(淸漪) : 맑고 잔잔한 물결.
* 어희(魚戲) : 물고기가 흥이 나서 놀음. 고기가 헤엄치며 노는 것.

제7영. 刳木通流(고목통류)

-나무 홈통을 뚫고 흐르는 물

샘 줄기 홈통 뚫고 굽이쳐 흐른 못에
세차게 쏟아지곤 물방아로 흩어지니
고기와 조개 무리는 들쭉날쭉 헷갈려

委曲通泉脉(위곡통천맥)　샘 줄기의 물홈통을 뚫고 굽이쳐 흘러
高低竹下池(고저죽하지)　높고 낮은 대숲 아래 못에 내리네
飛流分水碓(비류분수대)　세차게 쏟아져 물방아에 흩어지고
鱗甲細參差(린갑세참치)　물속의 인갑들은 잘아서 들쭉날쭉 해

* 소쇄원도에 의하면 소정 옆 소당(小塘)에서 계곡 쪽에 모형 물레방아가 걸쳐 있고, 그 아래 바로 소당의 두 배쯤 되는 큰 못이 있다. 이 못엔 순나물이 자라고, 물고기도 있었다.
* 고목(刳木) : 나무에 홈통을 파서 만든 홈통나무.
* 비류(飛流) : 세차게 흐르는 것. 또는 폭포.
* 수대(水碓) : 물방아
* 인갑(鱗甲) : 비늘과 껍데기. 물고기와 조개 종류를 함께 이름.
* 참치(參差) : 길고 짧거나 들쭉날쭉하여 같지 않음.

제8영. 舂雲水碓(용운수대)

-물보라 일으키는 물방아

온종일 줄줄 흘러 물 힘이 제법 세요

쉴 없이 찧는 공이 직녀가 비단 짜 듯

조용히 방아소리 듣고자 책 거두다 또 펼쳐

永日潺湲力(영일잔원력) 온종일 줄줄 흐르는 물의 힘으로
舂來自見功(용래자견공) 찧고 찧어서 절로 공을 이루네
天孫機上錦(천손기상금) 천손(직녀)이 베틀에서 비단을 짜 듯
舒卷擣聲中(서권도성중) 방아 찧는 가운데 책을 걷으락 펴락

* 이 시는 농촌 풍경을 실사화(實寫化) 하지만, 실은 양씨 가문의 자손 번성을 기리고 있는 듯하다. 운(雲)자의 뜻은 8대 후손이라는 의미도 있다. 모형 물레방아의 제작의미를 생각해 보고, 제목에 구름 '운'이 쓰인 것으로 보아 짐작이 간다. 제7영(詠)과 8영이 또 짝을 이루고 있다.
* 용운(舂雲) : 구름을 두고 절구질하는 듯한 모양.
* 천손(天孫) : 직녀성을 달리 이르는 말. 사기(史記)에 직녀는 하늘의 여손(女孫)이라고 하였다.

제9영. 透竹危橋(투죽위교)

–통나무대로 걸쳐 놓은 높직한 다리

골짝에 걸쳤기에 대숲을 뚫었는데
하늘로 둥둥 뜨니 연못마저 빼어나고
높다란 다리 덕분에 속세와는 멀어져

架壑穿脩竹(가학천수죽) 골짜기에 걸쳐서 죽림으로 뚫렸는데
臨危似欲浮(림위사욕부) 높기도 하여 하늘에 둥둥 떠있는 듯
林塘元自勝(림당원백승) 숲속의 연못 원래 빼어난 승경이지만
得此更淸幽(득자갱청유) 다리가 놓이니 속세와는 더욱 멀어졌네

* 주자의 무이도가(武夷棹歌) 중에는 도통이 끊김을 단교(斷橋)로 표현했다. 이 시에서는 다리를 놓아 더욱 경치가 좋아졌다는 이야기다. 이는 학도(學道)의 기운이 소쇄원 외에도 세속에까지 이어질 조짐을 암시한다. 이렇게 생각할 수 있는 단서는 그 다음에 이어지는 시에서 나타난다.
* 청유(淸幽) : 속세와 떨어진 조촐하고 고요한 곳.

제10영. 千竿風響(천간풍향)

–대숲에서 들려오는 바람소리

저 멀리 사라졌다 다시 분 청풍이여
바람과 대나무는 원래 정이 없다지만
밤낮 간 울려 퍼지는 생황소리 맑다네

已向空邊滅(이향공변멸) 하늘 가 저 멀리 이미 사라졌다가
還從靜處呼(환종정처호) 다시 고요한 곳으로 불어오는 바람
無情風與竹(무정풍여죽) 바람과 대는 본래 정이 없다지만
日夕奏笙篁(일석주생황) 밤낮으로 울려대는 대피리 소리

* 도통이 잘 이어져 자연의 음악이 울리는 선경이다. 대나무가 높이 자라서 윗부분은 바람에 흔들려 소리가 난다. 이 소리를 선계의 음악으로 듣는다.
* 생황(笙篁) 또는 생우(笙竽) : 대나무로 만든 관악기.

제11영. 池臺納凉(지대납량)

—못 가 언덕에서 더위를 식히며

남촌은 무척 덥나 여기는 유독 시원
언덕 가 대바람은 열기를 식혀주고
못물은 바위 위 흩어져 잔구슬로 구르네

南州炎熱苦(남주영열고) 남쪽 고을은 무더위가 심하다지만
獨此占凉秋(독차점양추) 이 곳만은 유달리 서늘한 가을
風動臺邊竹(풍동대변죽) 바람은 언덕 가의 대숲에 일고
池分石上流(지분석상류) 연못 물 바위 위에 흩어져 흐르네

*48영 중에는 여름을 노래한 것이 특히 많다. 소쇄원은 여름을 지내기에 좋은 곳이다. 이곳을 아끼며 더위를 피하기 위한 제일의 장소로 여기는 이 시에서, 김인후는 양산보에 대한 부러움마저 가지고 있다.
*납량(納凉) : 더위를 식힘.

제12영. 梅臺邀月(매대격월)

–매대에서의 달맞이

나무숲 잘라내니 매화대 확 트이고
달맞이 제격에다 구름 걷혀 달 훤해
찬 밤에 매화 비추니 얼음처럼 맑고녀

林斷臺仍豁(림단대잉활) 나무숲 쳐내니 매대는 확 트여서
偏宜月上時(편의월상시) 달 떠오는 때에 더욱 알맞아
最憐雲散盡(최련운산진) 구름 걷혀감이 가장 사랑스러운데
寒夜暎氷姿(한래영빙자) 차가운 밤이라 아름다운 매화 곱게 비추네

* 제11영이 지대를 노래했으니, 그 대구로 매대를 노래했다. 구름을 헤치고 내민 반가운 달의 모습이, 얼음에 비치는 모습에 청초한 선비의 기상을 말할 나위 없이 잘 드러낸다.
* 매대(梅臺) : 심어놓은 매화가 자라는 언덕.
* 빙자(氷姿) : 氷姿玉質. 옥처럼 맑고 깨끗한 살결과 아름다운 자질. 매화의 이칭.

제13영. 廣石臥月(광석와월)

–넓은 바위에 누워 달을 보며

누우니 하늘 말끔 달빛도 밝을 시고
너럭바위 좋은 자리 숲 그림자 운치 뿌려
깊은 밤 잠 못 이루니 이리저리 뒹굴어

露臥靑天月(로와청천월) 나와 누우니 푸른 하늘에 밝은 달이라
端將石作筵(단장석작연) 넓은 바위는 바로 좋은 자리가 됐네
長林散淸影(장림산청영) 주위의 숲에는 그림자 운치 있게 흩어져
深夜未能眠(심야미능면) 깊은 밤인데도 잠 이룰 수 없어라

* 좋은 일이 올 느낌이 들어 바위에서 이슬을 맞으며, 밝은 달을 쳐다본다. 잠을 이루지 못해 '애타는 마음'보다, 참 좋은 자연인데도, '잠을 이룰 수 없다'는 예찬으로 봐야 할 것이다.
* 노와(露臥) : 비나 이슬을 가리는 물건도 없이 그대로 눕는 것.
* 청영(淸影) : 솔이나 대나무 등의 그림자를 운치 있게 이르는 말.

제14영. 垣竅透流(원규투류)

–담장 밑구멍을 뚫고 흐르는 물

내딛고 글 읊으니 생각은 더욱 깊어
근원을 찾긴 해도 거슬러 가지 못해
담 구멍 흐르는 물만 부질없이 살피네

步步看波去(보보간파거) 한 걸음 한 걸음 물을 보고 지나며
行吟思轉幽(행음사전유) 글을 읊으니 생각은 더욱 그윽해
眞源人未泝(진원인미기) 사람들은 진원을 찾아 거슬러 가지도 않고
空見透墻流(공견투장류) 부질없이 담 구멍에 흐르는 물만을 보네

* 지금도 담장 밑에 도랑을 내어 예전처럼 물이 흐르고 있다. 계곡물이 흐르는 줄기를 두고 그 위에 담을 쳐놓음은 하나의 신기(神技)에 속한다. 오곡류는 바로 그 아래이며, 좌측으로 오곡문을 지나면 뒷산으로 이어진다.
* 투류(透流) : 透墻流. 담을 뚫고 흐르는 물.
* 행음(行吟) : 거닐면서 글을 읊는 것.

제15영. 杏陰曲流(행음곡류)

-살구나무 그늘 아래 굽이도는 물

지척에 개울줄기 분명히 오곡(五曲)인데
굽이쳐 흐른 물은 세월도 따라 잡기
오늘은 살구나무에서 공자 말씀 찾으리

咫尺潺湲池(지척잔원지) 지척에 물줄기 줄줄 내리는 곳
分明五曲流(분명오곡류) 분명 오곡의 구비 도는 흐름이라
當年川上意(당년천상의) 당년 물가에서 말씀하신 공자의 뜻
今日杏邊求(금일행변구) 오늘은 살구나무 가에서 찾는구나

* 여기서는 '상생(相生)'의 원리를 노래했다. 김인후가 지은 '소쇄원주인 안에서' 이라고 한 것을 보면, 물이 굽이쳐 흘러감을 노래한 것으로도 생각된다. 오곡수는 내원의 상류로서 담장 바로 아래부터 시작한다. 물의 흐름을 처음부터 상생으로 축복한 뜻이 있다. 동봉의 살구나무는 약효가 있다는 고사가 있는데, 여기서 행림은 의원을 뜻한다. 불로장생은 누구나 바라는 꿈이다.
* 잔원(潺湲) : 물이 줄줄 흐르는 모양.
* 천상의(川上意) : 공자가 川上에서 '세월은 물과 같아서, 밤낮으로 쉬지 않고 흘러간다'고 한 말의 뜻.

제16영. 假山草樹(가산초수)

–석가산의 풀과 나무들

큰 힘을 안들이고 가산(假山)을 만들었소
조경(造景)은 형세 좇아 우거진 숲 이뤘기에
아무렴 보기 좋도다 자연 산야(山野) 그대로

爲山不費人(위산부비인) 인력을 들이지 않고 만든 산이지만
造物還爲假(조물환위가) 조물(造物)이라 도리어 석가산 됐네
隨勢起叢林(수세기총림) 형세를 좇아 우거진 숲을 일으켰구나
依然是山野(의연시산하) 역시 산야 그대로 이네

* 광풍각(光風閣) 아래 물가에 생긴 조그만 가산(假山)이 있다. 여기에 작은 화초와 나무들을 심어 산처럼 꾸몄다. 가산은 축소된 자연으로, 인공적인 수식을 가하여 감상하는 우리 조상들의 취미였다.
* 가산(假山) : 석가산(石假山)의 준말. 정원 등에 돌을 모아 인공적으로 만든 산.
* 총림(叢林) : 잡목이 우거진 숲.

제17영. 松石天成(송석천성)
–천연의 소나무와 바윗돌

뫼 높아 굴러 내린 바윗돌 부스러기
뿌리는 얼기설기 긴 세월 꽃핀 솔 몇
기개는 곧고 푸르러 하늘 높이 솟았네

片石來崇岡(편석래숭강) 높은 뫼에서 굴러 내린 조각 바위들
結根松數尺(결근송수척) 뿌리 얽혀 서있는 두어 자 소나무
萬年花滿身(만년화만신) 오랜 세월에 몸엔 꽃을 가득 피우고
勢縮參天碧(세축참천벽) 기세 곧아서 하늘 높이 솟아 푸르네

* 소쇄원 가장자리는 대나무를 심고, 그 안쪽으로 소나무를 심어 풍치를 돋운 것을 알 수 있다. 소나무도 대나무와 같은 시적 상상의 내용을 갖추고 있다.
* 천성(天成) : 자연스럽고 도리에 맞는 일.
* 숭강(崇岡) : 높은 산. 숭산.
* 참천(參天) : 공중에 높이 솟아 늘어짐.

제18영. 徧石蒼蘚(편석창선)

–바윗돌에 두루 덮인 푸른 이끼

바위는 오랠수록 안개에 잘 젖어요
첩첩이 꽃핀 이끼 골짜기 이루었기
은자는 번화(繁華)가 싫어 돌무더기 좋다네

石老雲煙濕(석로운연습) 바윗돌 오랠수록 구름 안개에 젖어
蒼蒼蘚作花(창창선작화) 푸르고 푸르러 이끼 꽃을 이루네
一般丘壑性(일반구학성) 흔히 구학을 즐기는 은자들의 본성은
絶義向繁華(절의향번화) 번화함에는 전연 뜻을 두지 않는다네

*오를 때 밟을수록 재미있던 이끼가 바위에 덮인 모습을 그윽하게 묘사하고 있다. 김인후는 이 시를 통해, 여기야말로 '도통'이 끊어지지 않은 곳이라고 말한다. 제17영의 '송석'에 대(對)하여, 18영에서는 '편석'으로 짝을 맞췄다.
*구학(丘壑) : 언덕과 골짜기. 은자(隱者)의 주거(住居) 또는, 그 즐거움의 비유.

제19영. 榻巖靜坐(탑암정좌)

–평상바위에 조용히 앉아

벼랑 위 앉는다면 계곡풍 맘껏 쐬기
무릎이 상했어도 두려움 전혀 없어
늙은이 관물(觀物)하기에 딱 어울린 자리요

懸崖虛坐久(현애허좌구) 낭떠러지 바위에 오래도록 앉았으면
淨掃有溪風(정소유계풍) 깨끗하게 쓸어가는 계곡의 시원한 바람
不怕穿當膝(부파천당슬) 무릎이 상한 데도 두렵지 않아
便宜觀物翁(편의관물옹) 관물하는 늙은이에겐 가장 알맞네

* '탑암'은 소정과 광풍각 중간쯤 계곡 아래에 바로 물이 흐르는 곳에 접해 있는 바위인데, 여기 앉으면 시원하기 이를 데 없다. '세상 구경하는 늙은이'는 송(宋)의 안빈낙도 하던 요윤공(堯允恭)에 비유하거나, 소옹(邵雍)의 책 '관물편'을 말할 수도 있어 신선을 가리킨다고 볼 수 있다.
* 허좌(虛坐) : 음식을 취하지 않고 속을 비우고 앉아 있는 것. 신선 세계의 하나.

제20영. 玉湫橫琴(옥추횡금)

–맑은 물가에서 거문고 비껴 안고

거문고 잘 타기란 참으로 어려운 법
종자기(鍾子期) 사라진 후 지음(知音)이 드물다만
연못 가 한 곡조 뜯어 마음과 귀 통하네

---

* 지음(知音) : 자기를 알아주는 '참다운 벗'을 비유하여 이르는 말이다. 백아절현(伯牙絶絃)에서 유래되었다. 거문고 감상의 달인 종자기(鍾子期)가 죽자, 연주의 명인 백아는 "더 이상 세상에 자기를 알아주는 사람(知音)이 없다"고 말하며 거문고를 부수고 줄을 끊어 종신토록 연주하지 않았다(고사성어대사전).

瑤琴不易彈(요금불이탄) 소리 내는 거문고 타기 쉽지 않는 건
擧世無種子(거세무종자) 세상에는 종자기 같은 친구 없어서라
一曲響泓澄(일곡향홍징) 맑고 깊은 물에 한 곡조 울리고 나면
相知心與耳(상지심여이) 마음과 귀만은 서로 안다네

* 이는 양산보와 김인후의 사귐을 나타낸 것으로 보인다. 소통을 고귀하게 생각하면서, '道'로 맺어진 우정을 읊는다. '옥추횡금'은 조담 바로 위에 편편한 바위에서, 그 아래 폭포소리를 들으며, 거문고를 타는 풍류를 나타낸 말로, 옛 사람의 진실한 교류를 잘 대변해 주고 있다.
* 옥추(玉湫) : 구슬처럼 맑고 깨끗한 연못, 또는 폭포.
* 요금(瑤琴) : 아름다운 소리를 내는 거문고.
* 홍징(泓澄) : 물이 깊고 맑음.

제21영. 洑流傳盃(복류전배)

–빙빙 도는 물살에 술잔 띄워 보내며

물살 친 돌웅덩이 문사(文士)들 둘러앉아
안주는 넉넉하고 띄운 술잔 빙빙 도니
시 한수 못 짓는 벗은 벌주 석 잔 드시게

---

* 곡수유상(曲水流觴) : 예전에, 정원에 인공으로 흐르게 한 물에 술잔을 띄우고 시를 읊으며, 술을 마시는 놀이를 이르던 말이다. 곡수연(曲水宴), 유상곡수(流觴曲水)라 한다.

列坐石渦邊(렬좌석와변) 물살 치는 돌 웅덩이에 둘러앉으면
盤蔬隨意足(반소수의족) 소반의 술안주 뜻한 대로 넉넉해
洄波自去來(회파자거래) 빙빙 도는 물결에 절로 오고가니
盞斝閒相屬(잔가한상속) 띄우는 술잔 한가로이 서로 권하네

* 조담(槽潭)과 폭포 사이에 물이 소용돌이치는 곳이 있다. 이 주위에 지기(知己)와 둘러 앉아 풍성한 소채를 안주 삼아 술을 즐긴다. 술잔을 물에 띄우면 잔은 물결을 따라 저절로 한 바퀴를 빙 돌아간다.
* 전배(傳盃) : 술자리에서 술잔을 전함.
* 수의(隨意) : 자기 뜻대로 하는 것. 뜻을 좇아서.

제22영. 床巖對棋(상암대기)

–평상바위에서 바둑을 두며

조금은 넓고 펀펀 돌에 새긴 바둑판
죽림에 지낸 손님 벼른 듯 한판 두자
한바탕 우박 쏟아져 드문드문 박히네

石岸稍寬平(석안초관평) 평상바위 조금은 넓고 평평하여
竹林居一半(죽림거일반) 죽림에서 지냄이 대부분이라네
賓來一局碁(빈래이국기) 손님이 와서 바둑 한판 두는데
亂雹空中散(난박공중산) 공중에서 우박이 흩어져 내려

* 소정에서 폭포를 건너면 '상암'이 있다. 소쇄원의 주인이 마치 자기인 양 시를 쓰고 있다. 양산보와 거의 함께 이곳에 기거하였음을 이런 시를 통해서도 알 수 있다. 바둑알을 놓는 소리가 우뢰로 비유된, 시원한 이 시는 복류에서 술을 나누고, 상암에서 바둑으로 즐기는 신선 같은 삶의 표현이다.
* 난박(亂雹) : 어지럽게 내리는 우박.
* 바둑판은 주목나무, 비자나무, 은행나무가 고급이다.

제23영. 脩階散步(수계산보)

–긴 섬돌을 거닐며

차분히 속세 벗어 섬돌 위 거닐다가
흥 나면 노래하니 생각도 한가하고
읊은 뒤 툭툭 턴다면 희로애락(喜怒哀樂) 잊어져

澹蕩出塵想(담탕출진상) 차분히도 속세를 벗어난 마음으로
逍遙階上行(소요계상행) 소요하며 섬돌 위를 구애없이 걷네
吟成閒箇意(음성한개의) 노래할 땐 갖가지 생각들 한가해지고
吟了亦忘情(음료역망정) 읊고 나면 또 희로애락의 속정 잊혀지네

* 흥이 나서 읊고. 구태여 기억하려 애쓰지 않고, 곧 잊는 것이 부담없는 무젖은 '달도(達道)'의 삶이다. 만사가 지루할 때 툭툭 털고, 산보에 나서는 유유자적한 여유가 그윽하다. '도'에 젖으면 이런 무연의 즐김이 있을까?
* 수계(脩階) : 길게 쌓아올린 섬돌.
* 담탕(澹蕩) : 차분하여 침착한 모양.

제24영. 倚睡槐石(의수괴석)

–홰나무 가 바위에 기대어 졸며

내 몸소 빗자루로 홰나무 가 바위 쓸고
기대어 잠시 졸다 깜짝 놀라 일어나니
스르르 남가몽(南柯夢) 꾸며 한 때 영화 누렸소

自掃槐邊石(자소괴변석) 몸소 홰나무 가의 바위를 쓸고서
無人獨坐時(무인독좌시) 아무도 없이 홀로 앉아 있을 때에
睡來驚起立(수래경기립) 졸다가 놀래어 일어서는 건
恐被蟻王知(공피의왕지) 의왕에게 알려질까 두려워서라

* 당나라 사람 이공좌(李公佐)가 '남가기'라는 글을 지었는데, "순우분(淳于棼)은 광릉에 사는 사람으로, 그 집 남쪽에 오래된 홰나무가 있었다. 분은 자기 생일에 실컷 취하여 그 홰나무 아래에서 잠이 들었는데, 꿈에 괴안국(槐安國)에 이르러 남가태수가 되어 20년을 봉직하고 장가들어 5남 2녀를 낳았으며, 영화와 영달을 마음껏 누렸으나, 나중에 적과 더불어 싸우다가 패배하고 공주도 세상을 떠나, 자신도 상처를 입어 돌아왔다. 깨어보니, 동자가 빗자루로 뜰을 쓸고 있고, 해는 아직 떨어지지 않아 술동이는 그대로 있었다. 홰나무의 구멍을 찾아보니, 남가군이라는 괴수 나뭇가지 밑에 개미구멍이 있었으며, 꿈에서 본 왕이란 곧, 의왕으로 즉 개미왕을 나타내었다." 후세 사람들이 꿈을 들어 '남가'라 부르는 것은 여기에서 유래한 것이다. 짐짓 남가일몽(南柯一夢)이 아니라, 현세에서 누리는 신선을 자부한다. 23영과 함께 제2단락의 결사로서, 선계의 감상을 노래했다. 김인후는 소쇄원을 찾아온 나그네이지만, 주인의 입장에서 노래했다. 이것만 보아도 둘의 사귐이 높다는 것을 짐작할 수 있다. 12영 가지인 제1단락보다 더욱 무르익은 선경을 그리고 있다.
* 의수(倚睡) : 의괴수(倚槐睡)를 말함. 홰나무에 기대어 졸음.
* 의왕(蟻王) : 개미의 왕. 중국 당나라의 이공좌가 지은 대괴안국의 고사와 의왕의 이야기를 연상시키는 어구임.

제25영. 槽潭放浴(조담방욕)

-조담에서 미역을 감고

조담(槽潭)이 깊다 해도 바닥이 보이거늘
미역을 감은 후도 맑기는 여전하이
인간사(人間事) 미덥지 못해 발 때마저 씻느니

潭淸深見底(담창심경저) 맑은 조담 깊어도 바닥이 보이고
浴罷碧粼粼(욕파벽린린) 미역을 감고 나도 맑기는 여전해
不信人間世(부신인간세) 미덥지 않은 건 인간 세상이라
炎程脚沒塵(염정각몰진) 염정을 걷던 발 때도 씻어버리네

* 기수(沂水)에서의 목욕을 이렇게 실현하고 있다. 목욕에도 의미를 부여하였다. 세상일엔 좋은 것처럼 보이나 해로운 것도 있고, 해로운 것처럼 보이나 좋은 경우도 있다.
* 조담(槽潭) : 커다란 말구유통 모양의 물이 담긴 연못.
* 인린(粼粼) : 물이 맑아 바닥의 돌이 보이는 모양.
* 염정(炎程) : 찌는 듯한 여름날에 걸어가는 길.

제26영. 斷橋雙松(단교쌍송)

–다리 너머의 두 그루 소나무

콸콸콸 소리 내며 섭돌 따라 흐르는 물
돌다리 건너편에 멋진 솔 두 그루여
남전(藍田)은 외려 분주해 다툼 끌고 오지 마

灕灕循除水(괵괵순제수) 콸콸 소리 내며 섬돌 따라 흐르는 물
橋邊樹二松(교변수이송) 다리 너머에 두 그루 소나무 서있네
藍田猶有事(람전유유사) 옥이 나는 남전은 오히려 일이 분주해
爭及此從容(쟁급차종용) 그 다툼은 조용한 여기에도 미치리라

* 무이도가 중에서는 '도'를 전하고 싶어도, 단교가 되어 사람이 찾아들지 않음을 노래하였는데, 이 시에서는 세속의 번거로움이 선지에 스며들까 하여, 오히려 단교를 다행으로 여기는 심사가 있다.
* 괵괵(灕灕) : 어려운 의성어이다. 물이 콸콸 흐르는 것이다.

제27영. 散崖松菊(산애송국)

–낭떠러지에 흩어져 자라는 소나무와 국화

층층 솔 북쪽 고개 황국 핀 동편 울짱
솔 장식 낭떠러지 점점이 심은 오상(傲霜)
늦가을 세밑인데도 풍상 버틴 절조(節操)여

北嶺層層碧(북령층층벽) 북쪽의 고개는 층층이 푸르고
東籬點點黃(동리점점황) 동쪽 울타리엔 점점이 누런 황국이라
緣崖雜亂植(연애잡란식) 낭떠러지 장식하여 여기저기 심어 있고
歲晩倚風霜(세만의풍상) 세밑 늦가을 풍상에도 버티고 섰네

* 임금을 향한 충성을 실토했다. 아득히 임금이 계신 곳을 바라보아 푸른 기상으로 수놓고, 도잠의 국화꽃으로 충정을 호소하고 있다. 서리 맞은 국화를 오상고절(傲霜孤節)이라 한다.
* 세만(歲晩) : 세밑. 한 해의 마지막 무렵.

제28영. 石趺孤梅(석부고매)

–돌 받침대 위의 외로운 매화

신기한 분재(盆栽)인 듯 받침대 위 외론 매화
모름지기 돌에 꽂힌 저 뿌리를 봐야해
황혼 때 성긴 그림자 얕은 물에 드리워

直欲論奇絶(직욕론기절) 매화의 신기함을 바로 말하려거든
須看揷石根(수간삽석근) 모름지기 돌에 꽂힌 뿌리를 보아야 해
兼將淸淺水(겸장청천수) 맑고 얕은 물까지 겸하고 있어
疎影入黃昏(소영입황혼) 황혼이면 성긴 그림자들 드리우네

* 매화의 굳센 절조를 노래했다. 제27영의 소나무, 국화와 짝을 맞춘 것은 선비의 본분을 강조한 뜻이다. 25영, 26영에서 백성과 임금과 근심하며 살아가는 선비의 모습을 나위 없이 표현하고 있다.
* 석부(石趺) : 조각품이나 비석 등의 받침.
* 기절(奇絶) : 비할 데가 없이 매우 기묘하고 기이한 모양.
* 소영(疎影) : 드문드문 비치는 성긴 그림자.

제29영. 夾路脩篁(협로수황)

–좁은 길가의 밋밋한 대나무들

눈 덮인 대줄기는 곧아서 창창하고
구름 싼 대끝 위로 솔솔바람 간드러져
묵은 대 껍질 벗기고 새줄기는 동여매

雪幹摐摐直(설간창창직) 눈에 덮인 대 줄기 곧아서 창창하고
雲梢嫋嫋輕(운초뇨뇨경) 구름에 싸인 대 끝 솔솔바람에 간드러지네
扶藜落晩籜(부려락만탁) 지팡이 짚고 나가 묵은 대껍질 벗기고
解帶繞新莖(해대요신경) 띠를 풀어서 새 줄기는 동여준다네

* 길을 넓히느라 띠로 새줄기를 동인다. 지기들의 왕래를 위해서다. 대밭의 묘사를 실감나게 하고, 자연귀의의 몰입경을 그리고 있다.
* 수황(脩篁) : 곧게 뻗은 대숲. 제10영 간(竿)과는 다른 왕대나무이다.
* 탁(籜) : 대나무 껍질, 새 죽순에서 나오는 껍질은 장마철이 되어야 벗겨짐.
* 요(繞) : 동여매다. 얽다.

제30영. 迸石竹根(병석죽근)

–바위틈에 흩어져 뻗은 대뿌리

티끌이 염려 되군 흰 대뿌리 더럽힐까
때때로 돌 위 뻗어 어린 대 가늠해도
올곧은 임 마음이야 오랠수록 모질세

霜根牌染塵(상근패염진) 흰 대 뿌리 티끌에 더럽혀질까 하면서도
石上時時露(석상시시로) 시시로 돌 위에 뻗어 나오네
幾歲長兒孫(기세장아손) 어린 대 뿌리 몇 해를 자라났는고
貞心老更苦(정심로갱고) 곧은 마음은 오랠수록 더욱 모질다네

* 소나무, 국화와 매화를 노래하고 나서 대나무는 두 수나 불렀다. 제28영에서 매화와 물의 조화를 노래하 듯, 이 시에서는 대나무와 바위를 어울리게 지었다. 변하지 않는다는 바위에 절조의 대나무가 뿌리를 서려 두어, '곧은 속은 갈수록 쉰다'며, 소쇄원 주인의 인간적 성숙을 기렸다.
* 정심(貞心) : 정조를 굳게 지키는 마음. 또는 정절한 마음.

제31영. 絶崖巢禽(절애소금)

–낭떠러지에 집 짓고 사는 새

벼랑 가 펄펄 날다 가끔은 물속으로
탁 쪼고 낚아챔이 본성(本性)이라 여겨도
물새는 벌써 잊었지 갈매기와 다툭길

翩翩崖際鳥(편편애제조) 벼랑 가에서 펄펄 나는 새
時下水中遊(시하수중유) 때때로 물속에 내려와 노네
飮啄隨心性(음탁수심성) 마시고 쪼는 건 제 심성 그대로요
相忘抵白鷗(상망저백구) 본디 잊었다네 백구와 저항하기를

* 새가 천성대로 사는 즐거움은 바로 양산보의 삶이다. 순천의 이치로 살아가는 한 마리 물새가 되어 있는 실상이 오붓하다. 낭떠러지에 나는 새가 물에 비치니, 물속에서 노니는 것으로 보인다.
* 소금(巢禽) : 둥지에 사는 새. 소조(巢鳥).
* 음탁(飮啄) : 새가 물을 마시고 모이를 쪼음.

제32영. 叢筠暮鳥(총균모조)

—저물어 대밭에 날아드는 새

바위 위 맑은 대숲 상비(湘妃)님 눈물자국
산새는 무심하게 여한을 알지 못해
땅거미 사르르 질 때 깃들려다 마느니

石上數叢竹(석상수총죽) 바위 위 여러 무더기의 대나무 숲
湘妃餘淚班(상비여루반) 상비의 눈물자국 아직도 남았어라
山禽不識恨(상금부식한) 산새들 그 한을 깨닫지 못하고
薄暮自知還(박모자지환) 땅거미 지면 제 깃 찾아들 줄 아네

* 높은 경지에 대한 열렬한 갈망을 노래한 시다. '상비(湘妃)'는 중국 요임금의 딸인 아황(娥皇)과 여영(女英)으로, 순(舜)임금에게 시집가 순임금이 죽은 뒤, 상수(湘水)에 몸을 던져 신이 되었다는 고사가 있다.
* 총균(叢筠) : 총죽(叢竹). 무더기로 난 대.
* 상비(湘妃) : 상군(湘君), 또는 상부인(湘夫人)을 말함. 상수(湘水)의 여신.
* 박모(薄暮) : 땅거미. 해가 진 뒤의 어스름.

제33영. 壑渚眠鴨(학저면압)
-산골 물가에서 졸고 있는 오리

하늘은 유인(幽人)에게 무엇을 부쳐줬나
산골에 귀 씻는 법 정성스레 봉함(封函)했지
현사(賢士) 뭇 맑은 샘가에 늙은 오리 존다네

---

* 세이(洗耳) : 더러운 말을 들으면 귀를 깨끗이 씻는다. 즉, 속세의 일을 알려고 하지 않다.

天付幽人計(천부유인계) 하늘이 유인에게 부쳐준 계책은
淸冷一澗泉(청랭일간청) 맑고 시원한 산골짜기 샘물이라네
下流渾不管(하류혼부관) 아래로 흐르는 물 모두 자연 그대로라
分與鴨閒眠(부여압함면) 나눠 받은 물가에서 오리 한가히 조네

* 물은 무이도가에서 도통을 상징하는 것으로 그려지 듯, 이 시에서도 마찬가지다. 위 성인으로부터 지금까지 내려온 통서(統緖)에 힘입어, 한 마리 오리가 '타고난 대로 조는' 도취경이 묘사되었다. 자연과 '도'와의 혼연일체로 이렇게 태평한 세상이다.
* 학저(壑渚) : 산골짜기 물가.
* 유인(幽人) : 어지러운 속세를 피하여 깊숙한 곳에 숨어사는 사람.

제34영. 激湍菖蒲(격단창포)

—세차게 흐르는 여울 물가의 창포

여울은 세차거다 아홉 향 지닌 창포
날리는 초록 방울 얼굴에 뿜어대도
한 잎 꽃 흡족하다오 염량세태 씻음에

聞說溪傍草(문설계방초) 듣자니 여울 물가의 창포
能含九節香(능함구절향) 아홉 마디마다 향기를 지녔다네
飛湍日噴薄(비단일분박) 날리는 여울 물 날로 뿜어대니
一色貫炎凉(일색관염량) 이 한 가지로 염량을 꿰뚫는다오

* 선경이야 아홉 가지 향기가 그득하고, 더위와 추위의 구별이 없을 것이다. 권세에 아첨하였다 해도, 세력이 꺾이면 푸대접 받는 것이 세속의 일이다. 세속에서 소쇄원을 일러 이렇게 기린다는 뜻이 은연 중 담겨져 있다.
* 격단(激湍) : 몹시 세차게 흐르는 여울.
* 염량(炎凉) : 더위와 서늘함을 뜻하여 세력의 성함과 쇠함을 비유.

제35영. 斜簷四季(사첨사계)
–빗긴 처마 곁에 핀 사계화

꽃 중의 으뜸이라 사계가 온화한데
초가집 낡았구려 비스듬히 기운 처마
장미가 배꼽을 쥐니 매죽(梅竹)조차 떨떠름

定自花中聖(정자화중성) 정작 꽃 중의 으뜸으로 치는 사계화
清和備四時(청화비사시) 사시로 청화함을 갖추어서인가
茅塹斜更好(모참사갱호) 초가지붕 비스듬해 더욱 운치 있어라
梅竹是相知(매죽시상지) 매화와 대나무도 곧 알아준다네

* 사계라는 꽃을 찬미한 시다. 매화, 대나무와 맞먹는 좋은 꽃으로 칭송했다. 강희안의 '화목구품'에 의하면, 일품에는 송, 죽, 연, 국, 매이고 '사계'는 3품에 속한다. 이 꽃을 매죽의 위계(位階)로 부추긴 노래다. 장미의 이칭으로 3, 6, 9, 12월에 개화하여 이름을 얻었다. 비해당사십팔영 중 제28영 사계화 참조.
* 사첨(斜簷) : 비스듬히 빗겨 보이는 초가지붕의 처마.
* 사계(四季) : 사계화를 말함. 월계화(月季花), 장춘화(長春花).

제36영. 桃塢春曉(도오춘효)

–복숭아 언덕에서 맞는 봄 새벽

복사꽃 만발하고 언덕 위 새벽안개
바윗골 동네 안은 선녀 옷 어슴푸레
돌다리 사뿐 건너니 무릉계곡 예더라

春入桃花塢(춘입도화오) 복숭아 언덕에 봄철이 찾아드니
繁紅曉霧低(번홍효무저) 만발한 꽃들 새벽안개에 드리워 있네
依黴巖洞裏(의징암동리) 바윗골 동리 안이라 어렴풋하여
如涉武陵溪(여섭무릉계) 무릉계곡을 건너는 듯하구나

* 안개는 '도'에 이르는 아득함을 상징하는 것으로, '무이구곡'에 표현되어 있다. 여기 무릉은 도학의 경지이지, 선교의 도원이 아니다. 무이도가의 아홉 번째에서 말한 '별유천지'일 뿐이다.
* 도오(桃塢) : 도화오(桃花塢)를 말함. 복사꽃 핀 언덕.

제37영. 桐臺夏陰(오대하음)

–오동나무 언덕에 드리운 여름 그늘

해묵은 오동줄기 벼랑에 이어지고
비 이슬 혜택이라 늘 맑게 그늘지니
세월은 참 태평하고 여름바람 시원타

巖崖承老幹(암애승로간) 묵은 오동줄기 바위 벼랑까지 이어 있어
雨露長淸陰(우로장청음) 우로의 혜택이라 항시 맑게 그늘지네
舜日明千古(순일명천고) 순임금의 은혜 길이길이 밝혀져서
南風吟至今(남풍음지금) 온화한 남풍 지금까지 불어주네

* 제4단락의 첫 시다. 제1단락에서 '도'에 나아가는 실상을 노래했다면, 이 단락에서는 무젖은 도취의 즐거움을 노래했다. 이 무르익은 선경은 요순시대를 말하는 이상세계다. 위로는 임금님의 은덕이요, 순일과 남풍은 '도'가 실천되던 시대를 말하고 있다.
* 순일(舜日) : 중국 순임금이 나라 다스리던 태평한 때.
* 남풍(南風) : 남쪽에서 불어오는 따뜻한 바람으로 임금의 덕이나 은혜를 비유.

제38영. 梧陰瀉瀑(오음사폭)

–오동나무 녹음 아래 쏟아지는 폭포

하 짙은 오등 그늘 시냇가 비 내렸네
난무한 폭포 사이 성긴 가지 비치고
흰 봉황 춤사위 벌려 주인 넋을 뺏누나

扶疎綠葉陰(부소녹엽음) 무성한 나뭇가지 녹엽의 그늘인데
昨夜溪邊雨(작야계변우) 어젯밤 시냇가엔 비가 내렸네
亂瀑瀉枝間(란폭사지간) 난무하는 폭포 가지 사이로 쏟아지니
還疑白鳳舞(환의백봉무) 돌아보건대 봉황새 춤추는 게 아닌가

* 무이도가의 일곱 번째에서 '온고지신'하는 전통의 맥락을 그린 것처럼 쏟아지는 물줄기는 학도의 전통을 상징한다. 오동나무를 심는 뜻은 봉황을 기다림이다. 그 사이로 보이는 폭포를 '봉황의 춤'으로 비유해 노래하고 있다.
* 사폭(瀉瀑) : 쏟아지는 폭포.
* 부소(扶疎) : 나뭇가지가 사방으로 무성하게 뻗어가는 모양.

제39영. 柳汀迎客(류정영객)
-버드나무 물가에서의 손님맞이

나그네 문 두드려 몇 마디에 낮잠 깨
의관을 정제(整齊)하다 미처 인사 못했는데
버들에 말을 매놓고 물가에서 서성대

有客來敲竹(유객래고죽) 나그네 찾아와서 사립문 두드리매
數聲驚晝眠(수성경화면) 몇 마디 소리로 낮잠을 깨었네
扶冠謝不及(부관사부급) 관을 쓰고 미처 인사드리지 못했는데
繫馬立汀邊(계마립정변) 말 매놓고 버드나무 물가에 서 있네

* 버드나무를 심고 거기서 손님을 맞이한다. 벼슬은 양산보와는 무관한 것, 찾아오는 이도 세속의 문제를 안고 오는 이가 아니다. 남도 부러워하는 승지에서 '도'와 더불어 사는 양산보를 기린 시다.
* 고죽(敲竹) : 고죽비(敲竹扉). 고문(叩門)으로, 집 앞에 이르러 대 사립문을 두드림.

제40영. 隔澗芙蕖(격간부거)

–골짜기 건너편 연꽃

조촐히 서있는 연(蓮) 한가해 볼만 하고
향기는 골짝 건너 은근히 풍겨오니
내친 김 방안에 들여 서안(書案) 위에 놓으리

---

* 서안(書案) : 책을 펴 보거나 글씨를 쓰는 데 필요한 서실용 평좌식 책상. 사랑방에서 주인과 마주 앉는 사람 사이에 놓여, 주인이나 윗사람으로서의 위치를 지켜주는 구실을 한다. 서상(書牀)·서탁(書卓)·궤안(几案) 등으로 불리기도 한다(한국민족문화대백과사전).
* 연에 대한 찬사는 무수하나, 필자는 그 중 '처염상정(處染常淨)'을 가장 좋아한다. "더러운 물에 염색되지 않아 언제나 깨끗한 모습"이다(필자 주).

淨植非凡卉(정식비범훼) 조촐하게 섰는 게 훌륭한 화훼(花卉)로다
閒姿可遠觀(한자가원관) 한가로운 모습 멀리서 볼 만하고
香風橫度壑(향풍횡도학) 향긋한 기운 골짝을 건너와 풍기네
入室勝芝蘭(입실승지란) 방안에 들이니 지란보다 더 좋구나

* 주무숙이 애련설에서 '진흙구덩이에서 나왔으나, 더러움에 물들지 않고, 맑은 물결에 씻기어도 요사롭지 않다'고 하였으니, 이는 선비의 바른 모습이다. 양산보를 꽃에 비유하였다.
* 부거(芙蕖) : 부용(芙蓉). 연꽃을 달리 이르는 말.

제41영. 散池蓴芽(산지순아)

–연못에 흩어져 있는 순채 싹

소쇄옹(瀟灑翁) 깨어나도 풍류는 못 즐기리
노어회(鱸魚膾) 진미이나 오염으로 고갈됐기
입맛만 다시지 말고 순채(蓴菜) 싹을 드셔요

---

* 노어 : 필자는 민물 쏘가리로 본다. 지금 즐겨 먹는 바다 농어(濃魚, 農魚, 까치맥이)가 아니다.

張翰江東後(장한강동후) 장한이 강동으로 귀향한 후로
風流識者誰(풍류식자수) 풍류를 아는 이 그 누구던고
不須和玉膾(부수화옥회) 반드시 사랑하는 농어회 같이하지 않더라도
要看長氷絲(요간장빙사) 기다란 순채 싹 맛보고자 하네

* 순나물은 진의 장한이 벼슬을 그만두고 귀향했을 때의 고향 맛이다. 농어회야 없지만, 그래도 그에 버금할 만큼 즐길 수 있다는 풍류를 앞세운 주장이다. 예전에는 고기가 놀고, 순나물이 자라던 작은 인공 못을 표현함이다.
* 순아(蓴芽) : 순채의 싹.
* 장한강동(張翰江東) : 중국 진(晋)나라의 장한이 자기 고향의 명산인 순갱과, 노회를 먹기 위해 벼슬을 그만 두고 강남으로 귀향했다는 고사.
* 옥회(玉膾) : 좋아하는 맛있는 회. 여기서는 농어회.
* 빙사(氷絲) : 고기비늘 모양의 무늬가 있는 비단의 뜻. 여기서는 순채의 싹.

제42영. 櫬澗紫薇(친간자미)

–산골 물 가까이 핀 배롱나무

무성히 자란 꽃도 열흘을 못 가는데
어찌해 산 물가서 백일을 버티는고
지긋한 배롱나무야 보라 노을 마셨니

世上閒花卉(세상한화훼) 세상엔 무성히 자란 꽃이라도
都無十日香(도무십일향) 도무지 열흘 가는 향기 없다네
何如臨澗樹(하여임간수) 어찌하여 산골 물가의 배롱나무만은
百夕對紅芳(백석대홍방) 백일 내내 붉은 꽃을 대하게 하는고

* 소쇄원 계곡에서 식영정 앞에 이르는 시냇물 가에는 자미(백일홍)가 줄지어 곱게 피어 있어, 이 내를 자미탄(紫薇灘)이라 부른다. 이런 승경에서 즐길 수 있는 것이 무궁함을 자랑했다.
* 화훼(花卉) : 꽃이 피는 풀. 꽃.

제43영. 滴雨芭蕉(적우파초)

–빗방울 떨어지는 파초잎

파초에 떨어지는 빗방울 어지러워
은화살 쏘아대니 높낮이로 주단(紬緞) 춤춰
소리는 고향 부르나 깨진 적막 더 좋아

錯落投銀箭(착락투은전) 어지러이 떨어지니 은화살 던지는 듯
低昂舞翠綃(저앙무취초) 푸른 비단 파초잎 높낮이로 춤을 추네
不比思鄕聽(부비사향청) 같지는 않으나 사향의 소리인가
還憐破寂寥(환린파적료) 되레 사랑스러워라 적막함 깨뜨려 주니

* 파초는 본래 고향을 떠나온 식물로 고향을 그리워하는 심상을 담고 있다. 자연의 소리를 즐기기 위하여 심은 파초이기에 적막을 깨는 것도 밉지 않다. 비를 은화살로, 파초잎의 흔들림을 푸른 비단 춤으로 비유하고 있다.
* 착락(錯落) : 뒤섞임.
* 저앙(低昂) : 낮아졌다 높아졌다 하는 것. 또는 낮추었다 높였다 하는 것.
* 적료(寂寥) : 고요하고 쓸쓸한 것.

제44영. 映壑丹楓(영학단풍)

–골짜기에 비치는 단풍

골짜기 서늘하니 서리에 놀란 단풍
색깔은 울긋불긋 살며시 흔들대다
그림자 거울에 비쳐 집을 수가 없구나

秋來巖壑冷(추래암학랭) 가을이 드니 바위 골짜기 서늘하고
楓葉早驚霜(풍엽조경상) 단풍은 이미 서리에 놀래 물들었네
寂歷搖霞彩(적력요하채) 아름다운 채색 고요하게 흔들리니
婆娑照鏡光(파사조경광) 그 그림자 거울에 비친 경치로다

* 장설(張說)의 시에 한 것을 바탕으로 하였다. 고요한 저녁노을을 배경으로 흔들리는 나무가지를 거울에 비친 것으로 비유하여 맑게 묘사하고 있다.
* 적력(寂歷) : 적막(寂寞). 고요하고 쓸쓸함.
* 파사(婆娑) : 그림자 흔들리는 모양.

제45영. 平園鋪雪(평원포설)

–평원에 깔려 있는 눈

깨닫지 못했는가 산에 낀 먹구름을
창 여니 정원에는 솜인 양 눈이 가득
한적한 섬돌에 깔려 베푼 선덕(善德) 빛나네

不覺山雲暗(부각산운암) 산에 낀 검은 구름 깨닫지 못하다가
開窗雪滿園(개창설만원) 창문 열고 보니 평원엔 눈이 가득
階平鋪遠白(계평포원백) 섬돌에도 골고루 흰 눈 널리 깔리어
富貴到閒門(부귀도한문) 한적한 집안에 부귀 찾아들었네

* 겨울을 배경으로 한 노래로 두 영이 있는데 그 중의 한 작품이다. 축복의 서설이다. 부귀는 덕이 높은 이나 가질 수 있는 혜택으로 믿었던 김인후가 소쇄원을 찬양하였다.

제46영. 帶雪紅梔(대설홍치)

–눈에 덮인 붉은 치자

여섯 날 치자꽃잎 향기가 자욱한데
홍(紅) 열매 다복한 잎 정답게 어울리니
서리 눈 수북 쌓여도 외려 맑고 고와라

曾聞花六出(증문화육출) 들건대 치자꽃 여섯 잎으로 핀다더니
人道滿林香(인도만림향) 사람들은 그 자욱한 향기 넘친다 하네
絳實交靑葉(강실교청엽) 붉은 열매 푸른 잎과 서로 어울려
淸姸在雪霜(청연재설상) 눈서리에도 맑고 곱기만 하여라

* 치자의 꽃과 향기, 열매의 아름다움을 묘사했다. 눈서리가 앉은 붉은 치자 열매는 높은 절조의 단심이 아닌가. 선비의 마음을 표현한 시다.
* 육출(六出) : 치자꽃. 육출화(六出花). 꽃잎이 여섯인 꽃인 치자를 가리킴.
* 임향(林香) : 다북다북 풍기는 향기. 자욱하게 많이 풍기는 맑은 향기.

제47영. 陽壇冬午(양단동오)

–애양단(愛陽壇)의 겨울 낮맞이

양단 앞 시냇물은 아직도 얼었는데
그 위는 눈이 녹아 팔베개로 볕맞이 해
한낮에 닭 울음소리 가마 귓전 울리네

壇前溪尙凍(단전계상동) 애양단 앞 시냇물은 아직 얼었지만
壇上雪全消(단상설전소) 애양단 위 눈은 모두 녹았네
枕臂延陽景(침비연양경) 팔 베고 따뜻한 볕 맞이하다 보면
鷄聲到午橋(계성도오교) 한낮 닭울음소리가 타고 갈 가마에 들려오네

* 고요와 한가에서 '도'를 깨우치는 실상이 보인다.
* 동오(冬午) : 겨울에 맞는 낮. 겨울의 점심 때.
* 양경(陽景) : 태양의 빛. 또는 햇볕.

제48영. 長垣題詠(장원제영)

-긴 담에 써 붙인 소쇄원 제영

허전함 메우려고 긴 담에 새 시(詩) 쓰고
일일이 붙여보니 병풍을 벌려 논 듯
비바람 얕보지 마소 무르익은 도(道)일세

長垣橫百尺(장원횡백척) 긴 담은 옆으로 백 자나 되어
一一寫新詩(일일사신시) 하나하나 써 붙여 놓은 새로운 시
有似列屛障(유사열병장) 마치 병풍 벌려 놓은 듯하구나
勿爲風雨欺(물위풍우기) 비바람만은 함부로 업신여기지 마오

* 제47영과 48영은 제4단의 끝이자, 48영 전체의 결사이기도 하다. 무르익은 '도'의 승경이 영원하기를 비는 마음이 빚은 시다.
* 장원(長垣) : 긴 담.

제 *3* 장

菊(국)-자유시 1수

3-1. 장수하늘소에게-선시(2020. 1. 19)

그대는 하늘 밭을 가는 부지런한 소인데
하필이면 분재로 삼는 소사나무에 알을 낳느뇨

하기야 그 나무도 '쇠줄에 묶인 개'로 비아냥대지만
사람은 배울수록 더 속이고 곡학아세(曲學阿世) 한다네

천지는 생명을 부여해 저마다 태어난 몫이 있거늘
우월주의에 도취된 인간들의 간섭이 더 심해지느냐

아! 찬란한 너의 등 황금갑옷을 갈라 현자를 새길 터이니
부디 혼탁한 세상에 금강(金剛) 쟁기로 지혜 밭을 갈아다오

---

* 장수하늘소 : 천연기념물 제218호. 학명은 Callipogon relictum SEMENOV이다. 중국 만주 동북부, 동부시베리아 우수리지방 및 우리나라에 국한하여 분포되어 있다. 두부(頭部)와 상시(上翅)는 담황색, 전흉배는 흑색에 4개의 노란 반점이 있고, 측연(側緣 : 몸통 옆 가장자리)에는 거치(鋸齒 : 톱니)가 있으니, 전연단(前緣端 : 앞의 가장자리 끝)의 톱니는 굵고 날카롭다. 유충은 서나무에서 서식하며 한 나무에 2~3마리 또는 3~4마리를 볼 수 있다. 생나무보다는 다소 썩은 나무에 산란하는 듯하다. 한 때 채집이 되지 않아 천연기념물에서 해제되었다가 다시 지정되었으며, 곤충으로 유일하다. 광릉 소리봉의 서나무와 신갈나무 숲이 유일한 집단서식지다(한국민족문화대백과사전 발췌 수정).
* 소사나무 : 한국 특산종으로 중부 이남의 해안이나 섬 지방에서 주로 자란다. 소서나무라고도 한다. 학명은 Carpinus turczaninowii Hance이다. 지름은 대략 20cm 안팎이고, 높이는 10m 정도이다. 인천광역시 강화도 참성단의 것은 천연기념물 제502호로 지정되어 있다. 잎은 작고 달걀형으로 침 끝 또는 둔한 끝이다. 잎의 길이는 2~5cm로 복거치(複鋸齒)가 있고 둥근 밑이다. 측맥은 10~12쌍이다. 진녹색으로 빳빳한 가죽질이며, 잎맥이 선명하게 나타난다. 꽃은

암수한몸 단성화로 잎보다 먼저 4~5월에 핀다. 내한성이 강하여 내륙지방에서도 잘 자라는데, 음지보다 양지를 좋아하며, 척박하고 건조한 곳에서도 자란다. 하나의 줄기에 잔가지가 많이 붙으며, 가지의 패턴과 잎·나무의 모양이 아름답고 맹아력이 좋아, 분재 애호가들의 호평을 받고 있다. 일명 서어나무, 서나무라 부른다(한국민족문화대백과사전 발췌).

* 곡학아세(曲學阿世) : 바르지 못한 학문으로 세속의 인기에 영합하려 애씀(사전).
* 이 시는 기승전결(起承轉結)을 갖추었다.
* 졸저 정격 단시조집 『鶴鳴』, 제1-160 '장수하늘소 문답' 참조(147면).

清

제 4 장

梅(매) - 한시 3수

4-1. 白菊(백국) - 오언절구(2019. 11. 24)

-흰 국화

牆下白菊笑(장하백국소) 담벼락 아래 흰 국화가 웃으니
金風偸清香(금풍투청향) 가을바람은 맑은 향기를 훔쳐가네
蛩歌素艶爭(공가소염쟁) 귀뚜라미 노래하고 소박한 멋 다투니
月戲猶霜昌(월희유상창) 달이 놀려대도 서리(꽃)는 외려 곱다네

---

* 국화는 '황국'이 으뜸이다. 자생 '흰 국화'가 드물기도 하거니와, 1876년 강화조약 이후 서구문물을 도입하면서, 장례식에서만 쓰는 꽃이라 여겨 평소는 꺼린다. 유럽에서는 '죽음'을 상징한다. 그런 연유인지 몰라도, 이를 소재로 한 詩는 무척 드물다. 국화의 꽃말은 고결, 정조, 엄숙 등이다.
* 金風은 서풍 즉, 가을바람을 뜻한다. 만물을 살생시키는 기운을 띄고 있다. '상풍(商風)'이라고도 한다.
* 素艶은 '흰 색의 고움' 또는, '소박한 색의 고움, 아름다움'을 뜻해, 국화꽃 그 자체를 말한다. 화제(畵題)로 많이 쓰인다.
* 나는 질풍경초(疾風勁草)는 되지 못할지언정, 적어도 흰 국화처럼 살고 싶다.
* 측기식(仄起式) 평성 압운(香 昌). 상평 제3번 江字 운목(韻目)이다.
* 한시는 2019. 11. 23 모처럼 블로그에 댓글을 단, 백촌거사 김창현 선생의 요청에 따라 3년 만에 짓다.
* 월더니스 제24호(2020년 봄호) 한시 3수.

4–2. 雪青梅(설청매) – 禪詩(오언절구) (2020. 2. 18)

–눈 속에 핀 푸른 매화

茶室窓紗間(차실창사간) 차실 창문 천(커텐) 사이로
盡日雪飛來(진일설비래) 하루 종일 눈발이 날리네
紅爐一光射(홍로일광사) 뜨거운 화로의 빛 하나가 쏘자
岩側青梅開(암측청매개) 바위 옆 청매화가 피네

---

* 경자년(2020)은 우수 전인데도 눈이 많이 내리고, 날씨가 다시 추워진다. 매화는 어김없이 핀다.
* 측기식. 평성 압운, 상평 제8번 제(齊) 자 운목이다.
* 월더니스 제24호(2020년 봄호) 한시 3수.

4-3. 難境克服(난경극복) - 칠언율시(2020. 4. 11)

-어려운 경지를 이겨냄

肺炎猖獗萬邦周(폐렴창궐만방주)	우한 폐렴이 세계 나라에 두루 창궐해
災殃終熄人類求(재앙종식인류구)	재앙이 종식되어 인류가 구원 받기를
交流關係諸斷絶(교류관계제단절)	사람 사이 인적 교류는 모두 끊어지고
經濟萎縮社會愁(경제위축사회수)	경제가 오므라져 사회가 근심이네
總力傾注善醫術(총력경주선의술)	모든 힘을 기울여 좋은 의술로
懇願開發疫苗謨(간원개발역묘모)	백신 개발을 꾀할 것을 간절히 비네
轉禍爲福臨此際(전화위복림차제)	이번 일을 임함에 전화위복으로 삼아
濟衆難局效驗收(제중난국효험수)	어려운 국면에서 민중을 다스린 효험 거두길

＊疫苗(역묘) : 역병에 대한 백신(vaccine)을 말함.
＊상평 제7번 虞자 운목이다.
＊2020년 제2차 전국 한시지상백일장 공모작. 주최 (사)한국한시협회, 후원 서울특별시.

鳶飛魚躍 후기

여기는 인문학[文·史·哲]이 살아 숨 쉬는 곳이다!

1. 이 책에는 정격 단시조 198수, 자유시 1수, 한시 3수 등 도합 202수가 실렸다. 기간(旣刊) 시조 1,907수, 자유시 10수, 한시 85수 합계 2,002수를 포함해, 지금까지 시조 2,105수, 자유시 11수, 한시 88수, 총계 2,204수를 지어 지면(紙面)에 공식 발표했다. 상당히 많은 양이다.

2. 사실 2019년에 발간한 제8시조집 『鶴鳴』을 끝으로 시조만큼은 더 짓지 않겠다고 작심했다. 그 후 어떤 연(緣)인지 모르지만, '우한 폐렴' 창궐(猖獗) 등 사회 환경의 급변과 새로운 소재 등장으로, 다시 붓을 들게 되었다.

3. 금년 봄에 간행계획을 잡았던, 가칭 한국 하이쿠집 『一枝春』과 아포리즘 격인 반산 눌언집(訥言集) 『風竹』은 올가을이나 내년으로 미루고자 한다.

索 引

〈가나다순, 202개〉

(ㅎ)

(숫자)

韓相哲 경력

가. 일반 신상

1. 한상철(韓相哲) : 1947년 10월 28일(음)
   정해(丁亥) 생
2. 경북 고령 출생
3. 본관 청주.
   몽계공파(夢溪公派) 제32대 손
4. 호 : 반산(半山), 죽전(竹田), 지석(砥石), 윤중(允中),
   이암(夷岩).
   자(字) : 시흥(始興)
   당호(堂號) : 수우당(守愚堂), 동진당(同塵堂),
   자하당(紫霞堂), 용회당(用晦堂)
5. 1965년 1월 27일 공립 대구상업고등학교 제37회 졸업
6. 동년 2월 16일 국민은행 전국공개채용 초급행원 제2기로 입행
7. 1990년 7월~국민은행 지점장 역임. 최종 문산(경기 파주)지점장
8. 1998년 12월 31일 경제위기로 중도 퇴직

＊경기대학교 서비스경영전문대학원 최고경영자과정 제23기 수료 (2002년 1월)

나. 등산 이력

1. (사)서울특별시산악연맹 가맹단체 '거봉산악회' 회장 역임 (1993~1996)

＊유명산악인 엄홍길 대장 배출

2. (사)대한산악연맹 서울특별시연맹 이사 역임(2001~2008)
3. (사)한국자연공원협회(환경부산하 공익법정단체) 감사 역임 (2005~2013)

4. 등반 기록

가) 국내 등산 : 1,500 여회(2006. 12. 31 기준). 백두대간, 정맥, 기맥, 지맥 종주 외

나) 국외 등산 : 킬리만자로(5,895m) 등 총 33곳 등반 및 트레킹

다. 현재 활동

1. 산악 관련

가) (사)한국산악회 평생회원

나) (사)한국산서회 회원

다) 한국히말라얀 클럽 회원

라) 서울산악동우회 회원

마) (사)산과 자연의 친구 우이령 사람들 회원(환경운동 단체)

2. 문학 관련

가) (사)한국한시협회 회원

　* 前 국립강원대학교 교수 역농(亦農) 남윤수(南潤秀) 박사 사사(師事)

　* 한국고서연구회 고(故) 우경(迂耕) 이일영(李一影) 선생 사사

나) 대한한시학회 회원

다) (사)한국문인협회 회원

라) (사)한국시조시인협회 회원

마) (사)한국시조협회 회원

바) 한국산악문학 '詩山' 동인

사) 한국미술협회 산하 한국예술협회(1978년 창립) 문예분과 회원

아) 선(禪)문학회 회원

자) 《海東文學》 계간지 2000년 봄호. 詩, '고요 그리고' 외, 5편으

로 등단.

추천인 : 정광수(鄭光修), 유양우(柳養雨), 박일동(朴日東).

3. 사회, 역사 관련

가) 한강포럼 회원

＊대한민국 최정예 지성인 모임

나) 한국고서연구회 이사

다) (사)서울문화사학회 회원

라) (사)서울역사문화포럼 회원

라. 저서

1. 『山中問答』 산악시조 제1집, (주)도서출판 삶과꿈, 2001. 6. 10
2. 『山窓』 산악시조 제2집, (주)도서출판 삶과꿈, 2002. 5. 10
3. 『山情萬里』 산악시조 제3집(세계산악시조 제1편), (주)도서출판 삶과꿈, 2004. 3. 10
4. 『仙歌－신선의 노래』 시조 제4집, (주)도서출판 삶과꿈, 2009. 7. 30
5. 『北窓』 한시집, 도서출판 수서원(修書院), 2015. 5. 30
6. 『山情無限』 시조 제5집(세계산악시조 제2편), 도서출판 수서원, 2016. 5. 10
7. 『名勝譜』 〈한국의 승지 266곳〉 시조 제6집, 도서출판 수서원, 2017. 7. 7
8. 『한국산악시조대전』 부제 山吟歌(산음가) 시조 제7집, 도서출판 수서원, 2018. 6. 25
9. 『鶴鳴』 정격 단시조집 시조 제8집, 도서출판 수서원, 2019. 6. 20

마. 상벌

1. 재무부장관상(1969. 12. 30)
2. 재무부장관상(1984. 3. 3)
3. 서울산악봉사대상(2009. 7. 4) : (사)서울특별시산악연맹
4. 제10회 도봉문학상(2015. 12. 15) : 수상작 한시집 『北窓』
5. 제5회 윤동주 문학상 본상(2018. 10. 6) : 수상작 자유시 '고독카페'
6. 제6회 한국평화언론대상 '2018 올해를 빛낸 한국인', 신지식인 대상(2018. 12. 8)

바. 주소 연락처

1. 주　소 : 서울특별시 도봉로 180 가길 32
중흥아파트 101동 710호 (우)01318
2. 전　화 : 02-956-8481. 010-8713-8481
3. 이메일 : hsc9381@hanmail.net

半山 韓相哲 著書(2001~2020년)

산중문답 | 한상철 산시조집 |
(주) 도서출판 삶과꿈 | 2001. 6. 1

산창| 한상철 산시조집(Ⅱ)|
(주) 도서출판 삶과꿈 | 2002. 5. 10

산정만리 | 한상철 산시조집(Ⅲ) |
〈해외편〉| (주) 도서출판 삶과꿈 |
2004. 3. 10

선가=신선의 노래 |
한상철 산시조집(Ⅳ) |
(주) 도서출판 삶과꿈 | 2009. 7. 30

북창 | 죽전 한상철 한시집 |
도서출판 수서원 | 2015. 5. 30

산정무한 |
반산 한상철 산악시조집(5) |
도서출판 수서원 | 2016. 5. 10

명승보 〈한국의 승지 266곳〉 |
반산 한상철 시조집(6) |
도서출판 수서원 | 2017. 7. 7

한국산악시조대전 -산음가- |
반산 한상철 저 | 도서출판 수서원 |
2018. 6. 25

학명 -학이 울다- | 반산 한상철 정격 단시조집(8) | 도서출판 수서원 | 2019. 6. 20

鳶飛魚躍
연 비 어 약

초판 1쇄 인쇄 2020년 7월 1일
초판 1쇄 발행 2020년 7월 15일

저 자 韓 相 哲
발행인 孫 光 春
인쇄처 圖書出版 修 書 院
발행처 서울특별시 성북구 삼선교로 2길 7-3
TEL. 765-0924~5, FAX. 765-0927
E-mail suseowon@hanmail.net
등 록 1971.12.9. No.2-282
ISBN / 978-89-6798-058-0

〈정가 25,000원〉

※이 책은 300부 한정판으로 제작되었습니다.